本屋という「物語」を終わらせるわけにはいかない

松本大介

筑摩書房

さわや書店で働くこと

日常的に使うトイレットペーパーにも、それを補充した誰かがいる。

そのことをあまり意識せずに僕らは生きている。しかし用を足した後、紙がないという重大な危機に、私たちが直面する可能性はつねにある。

もしその状況がおとずれたら、トイレットペーパーを補充してくれている人がいることを、普段は当たり前のこととして意識の外側へと追いやっていた自分の傲慢さを棚上げし、「ついてない」とか「どうして自分が」とか、マイナスの感情が胸の内を占めるかもしれない。そしてその感情が去った後に、紙のないこの状況を受け入れ、次に自分がどういう行動を取るべきかを考えなければならない。

助けを呼べば誰かが来てくれたり、何かしらの偶発的な出来事によって状況が好転したり、おばあちゃんが教えてくれたトイレの女神様に出会えたりといった奇跡が起こるのは、映画やドラマや歌のなかだけの話だ。だから私たちは、ほとんどの場合ギリギリの状況下に追い込まれてはじめて何ができるのかを考える。時にその窮地を脱するために、何かを犠牲にしなければならないこともある。

そんな危機的な状況に追い込まれる前に、「何ができるか」を想像する時間はいくらでもあったにもかかわらず、私たちは「もしも」に対する備えを怠っている。備えていれば存在しなかった犠牲を悔やみ、自らの怠惰と想像力の欠如を棚あげにして、受け止めきれなかった感情の矛先を、他の理由へと向けることで自分の責任を転嫁しがちだ。

その向けられた矛先。トイレットペーパーを使い切ってしまった誰か、交換用のトイレットペーパーを補充しなかった清掃係、ましてやいつまでも姿を現さないトイレの女神様に毒づくといったことは、まったくもってお門違いである。

ここで、少しだけ時間を戻して考えてみたい。

トイレットペーパーを使い切った直前の誰か。それがもし自分だったら――。

密室である。自分はもう充分に拭いたので、と言い訳めいたひとりごとを残し、紙がないことに気づきながら、補充をせずに個室を後にする。その選択をしても誰に咎められるものでもない。

トランプのババ抜きでいうところの、次の人にババを引かせる行為だ。自分の手からババが離れたことをもって、「ついていた」とか「セーフだった」と考え、あなたは「犯行現場」を後にするかもしれない。

ここで重要なのは、ババ抜きは合意のうえのゲームであるが、トイレットペーパー補充問題は両者間に合意が存在しないということだ。紙を使う側の人が圧倒的多数で、補充する側の人が特定かつ少数であるという事実。多数派にいると考えていた自分が、突如として少数派と知らされた時の孤独といったら。

多数派、少数派については、本文でも出てくるのでここでは言及しないが、現代は多数派と少数派が簡単に入れ替わる世の中である。誰もが自分の損得に敏感で、他人の行為に対しては不寛容。そんな空気が蔓延しているいま、他者に利益をもたらし、自分が積極的に損をかぶる行為は特異なものとみなされるだろう。「自分さえよければよい」という感情がもたらす紙がない状況に絶望を感じて、誰かのせいにしたくもなる。

しかし、明らかに自分に非がないことに理不尽を感じ、誰かのせいにしたって人生は続くのだ。紙のない状況を積極的に受け入れ、なんとかこの窮地を脱したあかつきには、トイレットペーパーを「誰かのために」と補充する人になろう。手渡す人になろう……。

何年か前、公衆トイレで用を足した後に紙がないことに気づき、そう決意した。どうやって危機的状況を脱したかは想像にお任せするが、僕にはその状況に追い込まれたのが初めてではないという強みがあった。


いまこの本を読みはじめたあなたは「青木まりこ現象」をご存じだろうか?

本屋に行くと便意をもよおすという現象のことだ。一九八五年、「本の雑誌」40号に青木まりこさんという一般人女性が、当該の内容を投稿したことで話題となり、この女性の名前を現象に冠したことで話題を集めた。ご存じない方はネットで検索してみて欲しい。詳しい経緯がご覧いただける。

二〇一三年に「マイナビニュース」が行ったアンケートによると、実際にこの現象を経験したことがある人は二三パーセントとの結果が出た。お察しのとおり僕も体験者であり、個室に紙がないという状況を初体験したのは本屋のトイレであった。

物心ついてから、トイレで用を足すときには手持ちぶさただからと、個室に本を持ち込んで読んでいた。当時、わが家のトイレには僕がせっせと持ち込んだ本がうず高く積んであったものだった。そのことと「青木まりこ現象」との因果関係は証明できないが、トイレットペーパーが切れたときのリスク管理を意識しての行動であったかもしれない。含みをもたせた書き方にピンをきた人もいるかもしれない。その危機を僕は「本」によってのりきった。

時は流れて、いま僕が補充するのはトイレットペーパーではなく「ブックペーパー」だ。トイレと本との密接な結びつきが、僕を本屋へと誘ったのだろう。大学は出たけれど、働き口を得なかった僕は、実家のある盛岡市の「さわや書店」という本屋に拾ってもらい、本店で一〇年ほど勤めた後、東日本大震災を経て、上盛岡店、そしてフェザン店と渡り歩き、二〇年近くの歳月が経った。

さわや書店はその間に、『天国の本屋』（かまくら春秋社／新潮文庫）、『思考の整理学』（ちくま文庫）、『永遠の0』（太田出版／講談社文庫）、文庫Xこと『殺人犯はそこにいる』（新潮文庫）など、数々のベストセラーを生み出して、全国的に注目される存在となった。それは、さわや書店が赤澤桂一郎社長を筆頭に、次の人のためにトイレットペーパーを補充するようにと教える職場だったからだろう。

「誰かのために」という気持ちを持たなかった僕が、人と本との出会いに恵まれて、冒頭のトイレットペーパー問題以外にも色々と考えるようになった。

普段、本当に言いたいことを言うほうではないし、本屋として自分が取り組んだことを喧伝するようなこともしない。今回、縁あって心のなかを吐露する機会を与えられ、正直いっておおいに戸惑った。

この本は、同じ会社の仲間である田口幹人氏の著作『まちの本屋』（ポプラ社）のように、業界関係者への覚醒を促すような内容のものでもなければ、これまた同じ会社の後輩である長江貴士氏の『書店員X』（中央公論新社）にある実践的エピソード、また「長江の初陣だ。勝たせてやってくれ」という感動の名場面もない。

本書では格好つけることのない、僕なりの本屋の日常を綴ったつもりだ。だからその時々の感情が一定ではなく、振り幅があると思うがそこはご容赦願いたい。

悲しいときほど楽しみに目を向け、苦しいときほど仲間と笑う。そんな、さわや書店での日々を嘘偽りなく記すことでしか、本書は執筆しえなかった。だから、特別ドラマティックなことなど書かれてはいない。でも、「特別」とは普通という概念に対する相対的なものでしかなく、「普通」もまた特別に対する相対的な意味合いしかない。屁理屈だがそんなふうにも思う。

ここ数年のさわや書店の取り組みを知る人からは「またさわや書店の本か」と言われそうだ。だから、本屋に勤める店員として、直接お客さんにアドバイスを求められたらこう言う。読む優先順位でいえばきっと『まちの本屋』や『書店員X』のほうが高いと思います。本書は後回しにするべきでしょう、と。

どちらも読みましたという方で、もしも興味本位からこの本を手に取ってくれる方がいたならば、トイレの場所を確認した後で、パラパラとやってみて欲しい。

「さわや書店三部作　完結編」としてお読みいただければ幸いである。

第五章　〈さわや書店〉と〈本〉のこれから

盛岡駅、中心市街地

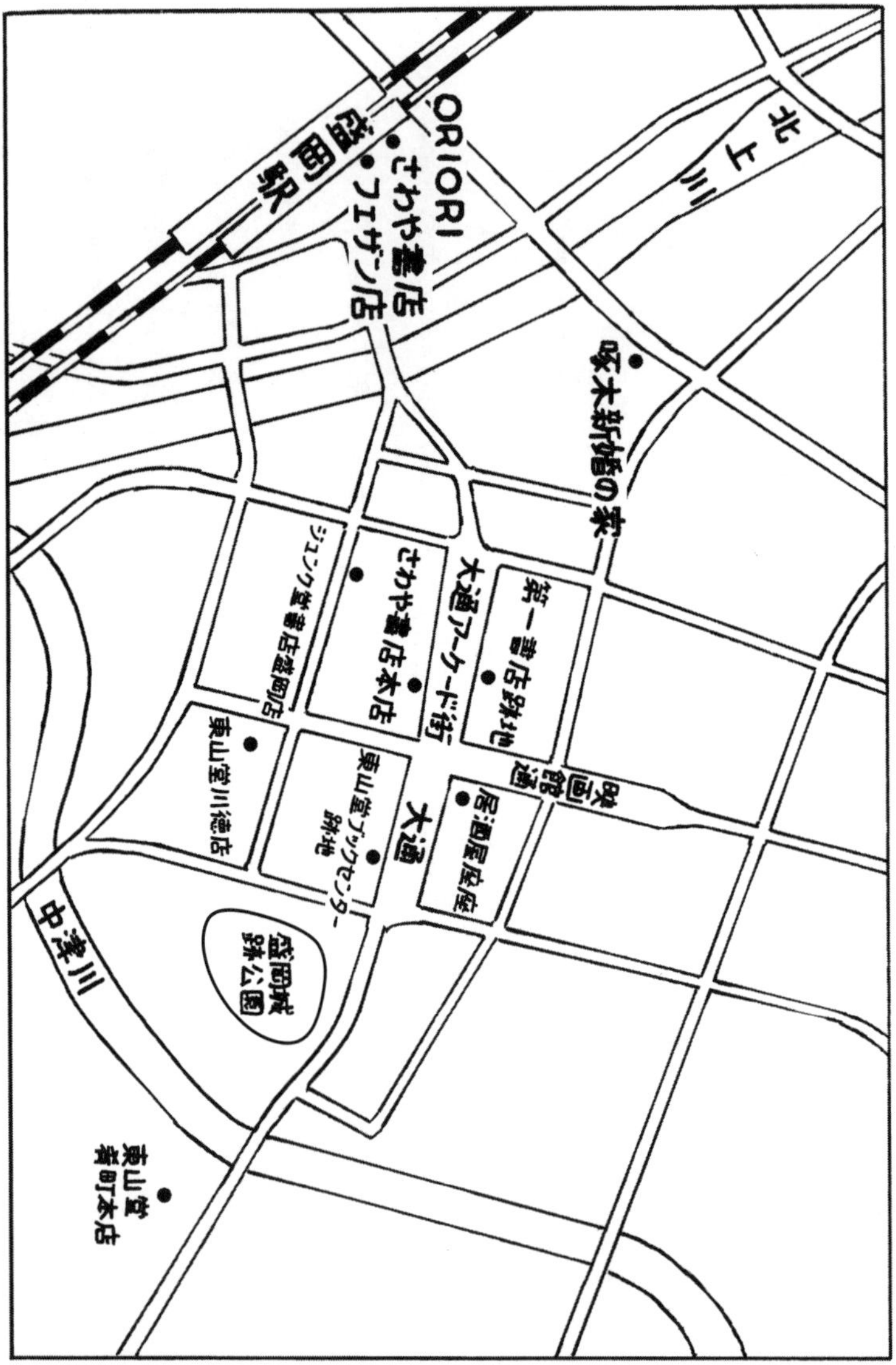
盛岡駅
ORIORI
さわや書店
フェザン店
北上川
啄木新婚の家
大通アーケード街
第一書店跡地
さわや書店本店
ジュンク堂書店盛岡店
東山堂川徳店
東山堂ブックセンター跡地
大通
映画館通
居酒屋座座
盛岡城跡公園
中津川
東山堂肴町本店

盛岡駅・上盛岡駅周辺

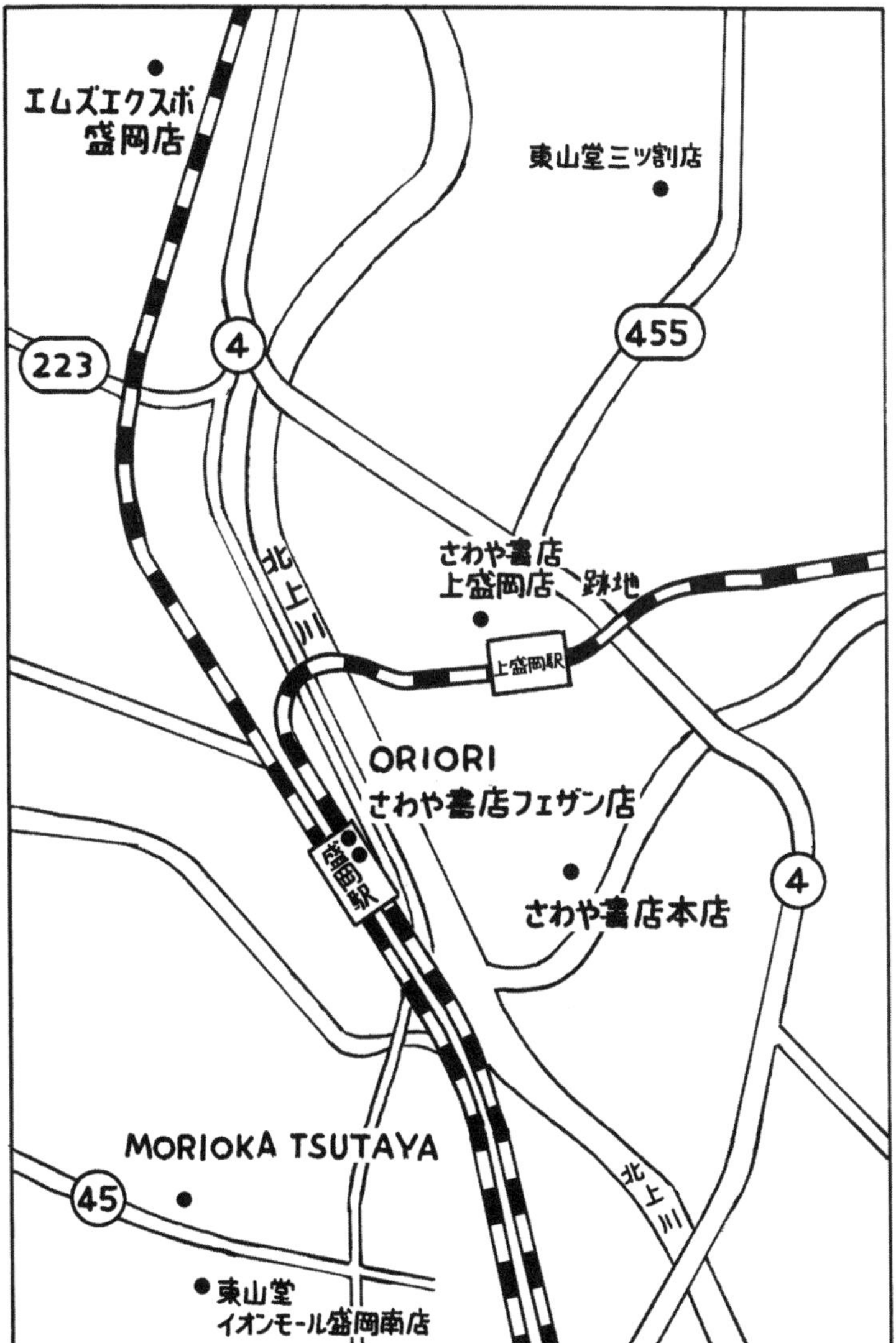
エムズエクスポ
盛岡店
東山堂三ツ割店
455
4
223
北上川
さわや書店
上盛岡店 跡地
上盛岡駅
ORIORI
さわや書店フェザン店
盛岡駅
4
さわや書店本店
MORIOKA TSUTAYA
45
北上川
東山堂
イオンモール盛岡南店

装丁　名久井直子
装画　藤田翔

第一章

さわや書店入社

1　社会に出るうえで、とても後ろ向きな出発点

大学四年の春

もう二〇年ほど前になるだろうか。書店に勤めることを選んだあの時の自分の選択を、自分の心の有様を、初めに記しておきたいと思う。僕がどういう経緯で書店に勤めることになったか。その不純な動機を書かなければこの本を書き始められない。「動機はできるだけ不純なほうが持続する」とある自己啓発の重鎮は言っているが、あなたはこの言葉をどう思うか。不純異性交遊がとても長続きしたという話を聞いたことがないから、あまり説得力はないかもしれない。おっと、のっけから話が脱線しそうだ。まあ、出発点からレールに乗らなければ脱線もしないのだが。

これからしばし個人的な回想にお付き合いいただきたい。もしよければ、ご自身の就職時の気持ちなどを思い出しながらお読みいただければと思う。

大学四年の春。京極夏彦に衝撃を受けて妖怪の魅力に目覚めた僕は、卒論に妖怪の登場する泉鏡花の戯曲作品を選び、その幻想世界に酔いしれながら「働きたくねぇな」と心の底か

ら思った。来年の桜が散る頃に、社会人になっているなんて信じられなかった。桜が二度と咲かないことを本気で祈った。学生気分がぬけず、社会に出るのが怖かったのだといまは思う。新緑とともに芽生えた気持ちは、水も日光も与えられていないのに日々育ち続け、残念ながら枯れることはなかった。将来の選択を保留すれば、そのぶん可能性も保たれると当時の僕は勘違いしていたのかもしれない。周囲の友達が就職活動に力を入れ始めるなか、部屋にこもってただただ卒論を書き、本を読んで過ごした。

そんな折、どこから情報が漏れたのかいまだ謎なのだが、当時住んでいた西荻窪のアパートに何やら怪しげな色をした封筒が届いた。ついに本格的に生活インフラを止められる時が来たのかと本気で肝を冷やしたが、「ままよ」と封筒を開け中身を確認してみると、それは身に覚えのない入社試験のお誘いだった。突如として舞い込んだ異物に気持ち悪さと言葉にならない疑念が持ち上がったが、それが好奇心に変わるのに時間はかからなかった。僕が読んできた物語のなかでは「謎」は日常だったから、与えられた「謎」の答えを知りたいという欲求が先に立ったのだった。

そこで、いち早く内定をもらった友人に連絡を取り、彼の部屋を訪ねて聞いた。「僕が知らないだけかもしれないが、こんなことってあるのか」と。「笑点」から目を離さずに「あるんじゃん？」と答える友人に、こんな適当な受け答えをするやつでも面接に通って、内定をもらえるのだと勇気を得て、何の会社なのかも確かめることなく、とりあえず入社試験を受けてみようと決めた。きっと内心では、変化を求めていたのだと思う。外部からもたらされた変化は、進むべき方向を決められない僕にとって道を照らす光のようだった。

IT企業への内定

鏡花の非現実的な世界から抜け出てメールを送ると、数日後に来社して欲しいという返事が来た。東京駅近くのオフィスへ、指定された時間にのこのこ出かけてみれば、どうやらそこは当時ITバブルに沸いていたソフトウェア開発の会社らしく、広い会議室にたったひとり座らされて筆記試験を解いた。学生時代の大半を、世間一般からみれば無駄な読書に費やしたかいもあって、雑学問題全般はよく解けたと思う。帰りがけに、中身のない達成感に背中をおされるようにして、八重洲ブックセンター本店を覗いた記憶がある。

その後、日をおかずに二回の面接を経てあっさり内定をもらった。働きたくないはずだったのに、自分自身がなにか価値ある人間と認められたようで素直に嬉しかった。ブラック企業という概念すらなく、腹黒でおなじみの六代目三遊亭円楽が、まだ楽太郎だった時代の話だ。友人の見立ては正しかった。

一〇月に内定者説明会があるとのお達しを受けて出かけてゆき、一〇人くらいの「同期」とともに説明を受けた。その後の社内見学が昼時に重なり、「社員食堂で好きなものを」という流れとなったあたりから、僕のなかの違和感は大きくなっていった。おごりなのに一番安価なラーメンを頼んで、昼食の時間中は誰とも口をきかなかった。この時間が早く過ぎることだけを祈った。同じ空間に知らない人が増えれば増えるほど無口になるべしと、DNAに刷り込まれた東北人の悲しい性だ。

昼食後、案内役の人事部の人が社員の生《なま》の話を聞かせたいと、仕事中のオフィスへとドカドカと入ってゆき、パーテーションで区切られた小部屋の人物へと声をかけた。数秒の間を置いて迷惑そうに振り向き、目元に厳しさを漂わせながら、聞かれるままに仕事の内容を話してくれた人は「ラーメンの鬼」佐野実に似ており、眉間には深いシワが刻まれていた。

彼の口から「留学」という言葉に続いて、「シリコンバレー」「ＭＢＡ」と予想外の単語が飛び出した時点で、進むべき道の厳しさを予感した。昼食時の和気あいあいは何だったのか。二〇〇〇年当時、ＩＴ革命という言葉ばかりが一人歩きして、誰しもがインターネットに対して過剰な期待を寄せていた。バブルではじけ飛んだはずのなけなしの金がかき集められて、ＩＴっぽい空気をまとっている海千山千の会社に大量に流入していたのだ。

僕が受けた会社もそのうちの一つであったことだろう。佐野実似のできる社員も、能力以上の頑張りを見せなければ評価されないと推測される「能力給」に縛られ、相当ストレスを溜め込んでいるように見えた。眉間に深く刻まれた縦ジワと、説明の最中に何度も繰り返される溜息が如実にそれを表していた。

同期の連中は皆、目を輝かせてその話に耳を傾けていた。自分の能力に絶対の自信をよせ、可能性を信じる意識の高い彼らはきっと、決められた形に自身を当てはめてゆくことに疑問を抱かないのだろう。だが、不純な動機でここにいる意識低い系の自分は、いちいち立ち止まって考え、納得してからでないと動かない絶対の自信があった。彼らをむこうに苛烈な競争に身を投じることは自分には不可能だと思った。違和感の正体とはまごうことなき劣等感である。

だからその日、アパートに帰ると、人事の人に「郷里の母が倒れたので内定を辞退します」と嘘の電話を入れた。戸惑う先方に対して、謝罪を間に挟みながらこちらの事情ばかりを繰り返し述べて、なんとか内定辞退を承諾してもらった。

ほんの一瞬だけ人生が交差した同期に早々と敗北を宣言し、彼らとの軋轢を未然に回避して、自分のフィールドである文学の世界へと逃げ帰り、僕はふたたび卒論制作に勤しんだ。

インターネットによって、私たちの生活は便利にはなったが、当時まだ黎明期を脱していなかったIT業界は、三木谷浩史氏や、ホリエモンのように時代の風を読んでうまく波を捉え、チャンスを生かした一部のIT長者を生み出した一方で、未来における富める者とそうでない者との間に見えない線引きをしたのだと、いま振り返ってみて思う。それまでの生活にはなかった「通信費」という二一世紀のいわば新しい年貢が課せられることになって、そうでない者の生活はより圧迫されることとなった。近年取り上げられる格差は、元をたどればここから始まったと思う。

僕が内定を辞退した会社は、どうやら事業を拡大し続けているらしい。あの同期たちは年貢の恩恵を受ける側へともぐり込み、僕は年貢を徴収される側を選んだ。

就職がないまま大学卒業、そして帰郷

このように根性はなかったが、時代の逆をゆく感性と使える時間だけはあったので、提出枚数の三倍にあたる原稿用紙一五〇枚の卒論を書いた。自説を述べているばかりで読む者に優しくないその論文は、枚数において教授を驚かせたものの、高くはない評価を得た。

年が明けた二一世紀最初の年。何の希望も見通しも持たないまま、実家のある北へと帰る。新幹線の窓から外へ目を向けると、東京では散ったはずの桜が咲きほこり、降り立った盛岡にいたってはまだつぼみで、時間が巻き戻ったような錯覚を覚えた。

帰って来た故郷で、すごろくの「ふりだし」にもどったつもりで求人情報誌を買った。実家に住まわせてもらっている手前、金を稼ぐ姿勢を見せなければならなかった。「働きたくねぇけど、これなら楽そうだな」と、まえに広末涼子の写真集を買ったことのある本屋「さわや書店」に面接に行き、目は笑っていないが目元が優しげな店長と面接をして、採用された。同期はいなかった。動機は変わらず不純だった。

これが僕の出発点だ。東北にある決して人口が多いとは言えない都市で、僕は変わらず本

を読んで二〇代を過ごし、本を売って、もらった給料で暮らし、所帯を持って三〇代を迎え、いつの間にか四〇代になった。楽かと思っていた本屋の仕事は、当たり前だが楽ではなかった。子どもが生まれてからは、働くということは「傍《はた》」を「楽《らく》」にすることだ、という言葉を知ってちょっとだけ心を入れ替えた。

家庭でも職場でも責任は増しているけれど、それと反比例するように社会における本の価値や重要性は徐々に低くなっているように感じる。

そんな危機を迎えているのに二〇年経っても及び腰だが、僕なりに本屋と本にまつわる事柄を語ってゆきたいと思う。

2 さわや書店という本屋

「さわや書店の〈働き方〉が知りたい」

東京に打ち合わせに出向いた時のこと。「さわや書店の〈働き方〉について知りたい」と、平野啓一郎似の担当編集者から言われた。

早々にネタが尽きたと弱音を吐いた直後である。正直、本当にそんなことに興味がある人がいるのかと耳を疑う。「カレーの作り方」を説くぐらい周知のことで面白みがないと思ったが、打ち合わせの最中にふと事実を羅列するだけでいいのではないか、との打算が働いた。渋々の体《てい》を崩さないようポジショントークを貫いたが、内心で快哉を叫ぶ。事実の羅列ですむことに、彼はきっと気づいてないに違いない。しめしめ。

盛岡大通商店街に構えるさわや書店本店

打ち合わせを終え、手を振り別れた後、ホテルまでの短い距離を「カレー、カレー」と口にし、交差点で信号待ちをしながら、大学で履修した「憲法」の論文試験のことを思い出す。一〇〇名はゆうに座れる大教室で行われる人数の多い講義だった。試験が近くなると、「おいしいカレーの作り方」を書いて答案用紙を埋めれば単位が取れるという噂が流布されたが、あれは事実だったのだろうか。そんなことを考えながら横断歩道を歩いていて、「いや、待てよ」と暗がりでひとりごちる。ワナだ。

「カレーの作り方」と「おいしいカレーの作り方」の間には、コクとまろやかさ、そして何より味に大きな隔たりがある。そのことに遅まきながら気づいたのだ。振り返ると、信号は黄色から赤色に変わるところだった。うーん、なかなかやるな、啓一郎似。

本物の平野啓一郎さんの小説『マチネの終わりに』(毎日新聞出版)は、人生のソワレ(夜の公演)にはまだ遠いが、マチネ(昼の公演)も終わりに差し掛かった男女、つまり青年でも中年でもない、その間の壮年期の恋をビターに描いた傑作である。「空と君とのあいだ」には冷たい雨が降るというし、僕もがんばって二つの「カレー」の間に違いを意味づけしてやろうではないか。

さわや書店の入社方法

さて調理開始。

さわや書店の働き方にレシピは存在しない。もちろんである。

入社後、僕より後にさわや書店に入社した人を何人か見てきたが、みんないつの間にかウチにいたという印象が強い。たぶん僕が入社して以降、大々的に社員の応募をしたことはないと思う。アルバイトとして、さわや書店で働く前途ある若者を「本が好きなら、社割で安く本が買えるよ」と、悪の道に引き込んでいたのだろう。きっとそうだ。

なかなかいないと思うが、どうしてもさわや書店に入りたいという人のために書いておくと、現状での入社のチャンスは欠員補充しかない。プロ野球チームにたとえるなら、引退選手か戦力外通告がいなければ戦力補充はされない。さわや書店はこの前、FA移籍で「左の大砲」である長江くんを取ったばかりだ。そう、長江くんといえば「文庫X」の彼である。だから欠員補充はしばらくないのではないだろうか。

もう一つ、業務の拡張による増員という可能性もあるにはあるが、いまのところ予定は未定だ。そういえば昔、『斧』ドナルド・E・ウェストレイク著　木村二郎訳（文春文庫）という作品があった。リストラされた主人公が、再就職のために自分のライバルになりそうな同業者を偽の求人で呼び寄せ、斧を手に次々と殺害してゆくという話。『斧』の主人公の職業は製紙業だったと記憶しているが、同じく潰しのきかないこの業界……危ないから、くれぐれも真似しないようにしましょうね。

入団、もとい入社した選手には、社員教育が施される。お買い上げの本に自社のカバーを掛けることが最初にして最大の試練であろう。あとは付け足しみたいなものだが、思いつく限りで細かいところを書く。平台に五冊以上積む本は、五冊ごとに天地をさかさまにして置く。これは単純に高く積んだときに安定を保つためと、在庫を一目で把握するための措置だ。他には本の整え方を教えるくらいで、新人に対してはみんな背中で語りたがる。

守備位置、もとい担当を持つ時期はまちまちだ。うちの店ではアルバイトのスタッフはほぼ担当を持たない。それぞれの棚には社員の担当がいて、仕入れ、品出し、フェア展開、返品などの判断権限がすべて与えられる。力量と適性をなるべく早く判断して、ポジションを割り振る。僕の場合は入社後四カ月目くらいに新書の担当になった。休みの日でも品出しに来るぐらい嬉しかった。通常は担当が休みの場合、出勤している社員でフォローし合っている。だから自分の棚以外にも常に注意を払う必要がある。他ジャンルの売れ筋も頭に入れておかなくてはならない。問い合わせを受けた際も、担当者の性格をよんで、置き場所を推測しつつ探しに行く。だから社員間のコミュニケーションは必須だ。

仕入れの仕方については、二週間で売り切れる量をという目安があるのだが、誰も守っていない。売りたい、売れるという思い入れのある本ほど大量に注文する。その際、出版社には無理なお願いをすることもあるので、信頼関係を築くために出版社の営業担当者との懇親を兼ねた夜の飲み会は大切な仕事だ。肝臓への負担が、売りたい本に比例して増していく。

他球団、もとい他書店との関係について触れておくと、岩手県や近隣県の書店の現場の人々との関係は良好だと思う。というのも、実は近隣の書店には「元さわや書店」の経歴をもつ方々が結構多い。近隣の書店の現場のそこかしこにさわや書店の血脈が枝分かれしているのだが、種の保存の法則を叩き込まれているわけではない。近年強豪となった広島カープのように、年俸の低さが災いして他球団へと選手が移籍してゆくのだ。オファーなく残留している我々……同情するなら金をくれという懐かしい叫びが、夜の酒場にこだまする。

フェアの企画、接客、他店の視察

店内で展開するフェアは、雑談のなかで生まれることが多い。面白い書籍が入ってきて、そういえば昔こんな本も出ていたよね的な流れから「じゃあ、やっちゃう？」ってな感じで、その場のノリで決まったりもする。もちろん出版社に企画、提案していただいたフェアにも取り組むが、その時は営業担当者の「どれだけさわや書店フェザン店を本気で使おうとしているか」という野心を見ていたりする。大局観なく直近のノルマ達成のためだけにゴリ押しの提案をしたり、アフターフォローのなかったりする担当者は心のなかで見切る。数年前に雑誌を担当していたとき、K出版の担当の方に不誠実な対応をされて、三日ぐらいでムックのフェアを返品した。出荷日を間違えられた挙句、お願いした冊数以上の商品を送って来られ、一旦は売り場に並べたものの、事の真偽を確かめるためにかけた電話で関係がこじれて、速やかに返品した。さわや書店は「出版社」ではなく「この人」と組めるかというところを一番大事にしている。いわゆる助っ人外国人のように、成績もさることながらチームになじむことも重要な要素なのである。

接客については「お客様」より「お客さん」という感覚が、さわや書店が意識しているモットーだ。まちの本屋を自認する僕らは「お客様」だと、互いの距離が遠すぎると感じる。心に垣根を作らないように、普段遣いの本屋であり続けたいとの想いから、一歩距離を詰めて「お客さん」という親しみを込めた呼び方をしている。我々は選手ではないけれど、やはりファンとの距離は近いほうがいい。

また、日々代わり映えなくマンネリで仕事をしていると、モチベーションの低下とともに棚の鮮度も落ちてくる。そこで、さわや書店フェザン店では、機会があれば他の書店を見て勉強することを課している。つまり敵地に遠征に行くのだ。周辺の書店はしょっちゅう足を運ぶので、もはや刺激が少ない練習試合のようだ。だから出張で年に二、三回、都内に行く機会を得た時なんかは、その前後どちらかに休日を取り、スケジュールを組んで目当ての書店を覗く。

僕が必ず行く店は紀伊國屋書店新宿本店さんだ。物量も多く知らない本が置いてあるから勉強になる。いつ行っても本が居住まいを正しているように整理されているので、こちらの背筋も伸びる。

他店からの刺激

他店に行ったときにどこを見るかだが、これについては本屋に勤めていても人それぞれ違うだろう。僕は、駅ビル内という立地から回転率重視となり、自店ではあまりこだわれない棚の選書にどうしても目がいく。その棚に作った人の意思が感じられるかどうか、自分の興味あるジャンルで新しい刺激を感じられるかが、僕なりのいい店かどうかの判断基準だ。もう一つ付け加えるなら売る本と売りたい本の比率。本屋は当然商売であるので、自己満足で

圧倒的な熱量を持った手書きのポップ、パネルが目を引くフェザン店

やっていけるものではない。だから、いい店かつ売れる店というのは案外多くないと思う。

荻窪のTitleさんは超美技、いわゆるカレーなるファインプレーというやつだった。入った瞬間から自分が前のめりになっていることを自覚し、その前のめりの感覚すらもすぐ忘れた。洗練された選書と抑えのきいたセンスのよい店内の音楽に、予定時間をオーバーしながら隅々まで意思ある棚を堪能した。定期的に足を運べるわけではないので、新刊の入荷の有無などはわからないが、欲しいと思った本を数冊購入して店を後にした。同じ店で働き続けているとどうしても煮詰まるので、二カ月に一度くらいの頻度でこうした刺激を受けたいのだが、現実問題なかなか難しい。だから目を皿のようにして「盛りつけ」を参考にする。

他の書店を訪れた後に盛岡に帰ってきて自店を見ると、展開方法や販売戦略などやっぱり少し変わっているかなと感じる。日々働いているとその違いが当たり前になってしまって、それを認識できなくなることは結構危険なことである。舌がバカになるというやつだ。でも一方で、郷土料理のようにその土地独自の文化に根差した考え方が、自店の根底に流れているなと強く感じる。

うーん。啓一郎似の編集者リクエストの「働き方」については、あまり具体的な「おいしさ」を表せなかったようだ。しかし、無関係に思えるカレーと野球には意外な共通点があることを偶然にも示してしまったようである。お気づきだろうか。どちらもオリジナルから独自の進化を遂げたことで、皆に愛されているという共通点に。

さて、機会があれば一度私たちが作ったカレー、もといい店を見に来ていただきたい。アクを取り忘れたかのようなクセのある味でお出迎えしたいと思う。

君が笑ってくれるなら僕はアクにでもなる。by 中島◯ゆき。

3　本屋を続ける理由——「書店員」ではなく「本屋」として

さわや書店入社前夜

僕の社会における出発点が後ろ向きだったことは前述した。

さわや書店に入社するまでにアルバイトをしたことはあっても、お金を得るためと割り切っていたので、働くということにまったくと言っていいほど責任を感じていなかった。今日は新宿伊勢丹のバーゲン期間限定の売り子、明日は秋葉原の電気屋さんの広告モデル、土日はそのお金を握りしめて府中競馬場で使い切るという黄金のサイクルを確立するのはもう少し先の話。

入学してすぐの頃は一浪して大学に入った手前、学業を優先に短いサイクルで様々なアルバイトをやるというスタンスで学生生活を送ろうと考え、下落合の日雇い紹介所に登録していた。アルバイト先で知り合った人とは、その場限りの適当な付き合いですませ、また次の仕事を見つけるということを繰り返す。要は人間関係を軽んじていたのである。

それが、さわや書店に入って初めて先輩や上司など、目上の人のオンパレードになると思うと正直うんざりした。若さなのか、性格なのか、その両方なのか、社会に出るまで僕は目上の人との関係をうまく築くということをしてこなかった。

中学、高校時代は運動部に所属し、それなりに上下関係は厳しかったが、一つ上の学年の部員が少なく、同学年が多かったこともあって、前に出る奴の陰に隠れたり、誰かをうまく利用したりして、その場その場をやり過ごしていた。

普段の学校生活においてもそれは変わらず、先生の前では猫をかぶり、息をひそめて、目の届かないところでは自分のルールを優先に物事をやりたいようにやっていた。目上の存在を、自分に対して何かを強いる存在、自由を奪う存在として認識していたのだった。前述したように大学時代もそれは変わらない。そのツケを払う時が来たのだ。

しかし心構えに反して、さわや書店にはキャリアを振りかざし、年下をいびるような人はいなかった。「どういう仕事をするのか」というアウトラインは教えられたものの、基本的にすべての仕事は担当者の責任による自由裁量で行われる。「こうあるべし」といったものは、過去の事例やその時の空気で決められていった。

とても強く印象に残っているのは、就業中でも車座になってムダとも思える話が始まることだった。あるとき、いままでに何度もブームがあり、毎年買われるというお客さんも多い「六星占術」の細木数子さんの話になった。僕はこの雑談で求めてもいないのに、彼女がセミヌードになった時のことを聞かされた。その名も「開運ヌード」。当時の「週刊ポスト」は、いまの「週刊文春」よりも強力な砲弾を持っていたのだ。

つまるところ、さわや書店では「本」や「出版業界」に関することなら、就業中だとしてもムダとも思える話を情報交換とみなすのである。それまで目上の人に対して必要以上に構えて生きてきた僕は、予想外の自由を与えられ、好きな「本」に関して知識を増やす喜びに浸っていた。書店の仕事とはなんと面白いものかと小躍りした。

その後「開運ヌード」を画像検索した僕が、相当開運したことはここで述べるまでもない。しかしその代償として、毎年お盆過ぎになると入荷する「六星占術」の本を見るたびフラッシュバックする脳内の画像には閉口している。

さわや書店の〈自由〉と〈責任〉

こういった「ふざけてもいい気風」（≒本に関われば何でも仕事として認められること）が、出版業界全体に共通のものだということは後になってわかってきた。後世に大切なことを伝えるという意味合いから、真面目に扱わなくてはいけない本も多くある。だけど、読まなくても死なない、生活必需品ではない本が人生において必要とされるためには、困難を笑いに変えるくらいの「人生を肯定する強さ」が必要だと、業界の人はわかっているのだろう。

ドイツのことわざに「笑って暮らすも一生、泣いて暮らすも一生」というものがある。出版に携わる人間は本に思い入れがあり、救われた経験を持つ人が多いから、ふざけることの有用性と、節度を持ったふざけ方を知っているのだ。

だけど、自由には常に責任がともなう。さわや書店流の自由に対する責任の取り方は、「一見すると関係ない無駄話」も含め、将来的に役立つことに充てる時間を必要なものとして認めはするが、基本的に就業時間には算入しないというのが不文律となっていた。入社して一週間も経たないうちに、僕はそれを思い知らされる。

その日、遅番のシフトだった僕は、定刻の就業開始時間一〇分前に出社して、当時本店の店長であった伊藤清彦さんにカミナリを落とされたのだった。店で一番能力が低く、覚えることもたくさんあるド新人が「教えてもらう時間」も就業時間に含めるたぁいい度胸だ。そういうことらしかった。いまなら当然のことと理解できる。だけど当時は、面接で目元に優しさをたたえていた伊藤店長に怒られたことでショックを受けると同時に、胸の内に芽生えた反発心を抑えることができなかった。「時間どおりに来ているじゃないか」「何で怒られなければならないんだ」と思ったのだ。入社以来、伊藤店長の前では悪いところを見せないように猫をかぶってきたつもりだったので、なおさら怒られるのは心外だった。

伊藤店長への反抗

そこで僕は、いま思い出しても恥ずかしいほどわかりやすい行動にでた。

その翌日から遅番のシフトであるのに、早番の人よりも早く出勤し続けることで内心の不服を表明したのだ。ハンガーストライキ同様、苦しいのは自分である。慣れない長時間労働に体は悲鳴をあげたが、伊藤店長への見当違いな恨みで乗り越え、いつしかその激務もふつうにこなせるようになった。だが、伊藤店長に対するわだかまりは若さゆえに尾を引いた。

だから、ことあるごとに仕事の不平不満を先輩に漏らしていた。後に伊藤店長に聞いて発覚したのだが、僕の教育係として配されていたその先輩は、逐一大げさにマイナス面ばかりを強調して、店長に僕の素行を報告していたのだという。筒抜けだとは夢にも思わず、心の内を吐露した自分を恥じた。穴があったら入りたいとはこのことだ。働くということがまったくわかっていなかった。

ただ、いつか見返してやるという気持ちで社会人一年目のスタートを切り、物事に取り組めたことはよかったと思う。カミナリの直後は、恐れ多くも先輩社員はおろか伊藤店長にも絶対に負けるものかと心に決めた。いま振り返ると、実力差すら測れていなかった自分に冷や汗が出る。たぶん伊藤店長は、そのあたりのことはお見通しだったに違いない。

微妙な距離感を保ち、心の壁を崩さない新人を肯定しつつ、僕の読書の好みを把握するやいなや同じ系統のより面白い本を教えてくれた僕の師匠。足りない様々なジャンルについて読書の方向性を指南してもらった。それがなければ敬愛する作家・志水辰夫の作品に出会えなかったかもしれないし、苦手の外国文学を読まないまま遠ざけていたかもしれない。業界の裏話をはじめ、前述したようなバカ話もたくさん聞かせてもらった。そのすべてが血肉になっていたのだといまは思う。

教えてもらった本は、休み時間に購入し、眠い目をこすりながら意地でも一晩で読み終え、翌日に感想を報告した。その時に伊藤店長が一段高い声で発する「もう読んだのか！」という言葉が聞きたくて、喜びを携えた驚きの表情が見たくてせいいっぱいの背伸びをした。伊藤店長が発掘して映画化もされた『天国の本屋』松久淳＋田中渉（かまくら春秋社）も、そんな本の一冊だった。読んだ翌日、目を赤くしながら「感動しました」と伝え、ベストセラーの階段を駆け上がる様を間近で見せてもらった。その後、飲みに連れて行ってもらった時、酔った伊藤店長に「あの時、おまえがいいと言っていなかったら『天国の本屋』は仕掛けていなかった」と告げられ、帰り道に嬉しくて泣いた。

相反する感情が自分の中に同居していることに気づいていたが、いまさら取り入るような言動をとれるほど器用ではなかった僕は、付かず離れずの距離を保ち、一挙手一投足が気になってしようがないのに無関心を装い続けた。そんな日々を繰り返していたあの頃。なぜ正面から向き合うことができなかったのだろう。

のちに立川談春の『赤めだか』（扶桑社）を読んで、それが師匠に対して抱く弟子の気持ちなのだと知った。この人を見返したい、この人に振り向いてもらいたい、この人に自分の存在を認めさせたい。その一心だった。二〇〇八年に伊藤店長がさわや書店を退職して幾年。嫌々ながら顔を合わせていた日々を、会わなくなってからの時間がもうすぐ追い越してしまう。いまでもお会いした時は「伊藤店長」と呼んでしまう自分がいる。周囲の皆が呼ぶように「伊藤さん」なんてきっと一生呼べない。

本屋としての転機――〈9・11〉から学んだこと

　僕に本を売る姿勢、気概を教えてくれたのもまた伊藤店長だった。転機となったのは、入社してから数カ月後に起こった世界的な事件である。

　二〇〇一年九月一一日、アメリカ合衆国のワールドトレードセンタービルに、ハイジャックされた二機の飛行機が突っ込んだ。ソ連との冷戦に勝利したアメリカが、その長きにわたる冷戦時代にも経験のなかった「本土攻撃」をされたのだった。

　九月一一日の夜、仕事を終えて家に帰ってテレビをつけながら本を読んでいると、突然ニューヨークからの中継の様子が映り始めた。最初は映画の宣伝か何かだと思った。だが、状況を伝える動揺を隠しきれないアナウンサーの声が、それが現実であることを示している。黒煙を上げるワールドトレードセンターの上層階には日系企業も入っており、現地からの中継では安否確認が取れていないという。想像を超えた現実に頭がついていかず、ニュースで識者が発言した「中東関係のテログループの仕業ではないか」という言葉は耳を素通りした。その夜は、なかなか寝付かれなかった。

　一夜明けて寝不足のまま出勤すると、店じゅうからイスラム教や中東情勢に関する本をかき集めて、瞬く間に「イスラム社会とテロ」というコーナーを作る伊藤店長の姿があった。

店長として果たさなければいけない職務に忙殺され、僕が入社した頃には休憩室の一角を定位置としてデスクワークに勤しみ、限られた時間しか売り場に姿を見せなかった伊藤店長が、その日は開店前から売り場で作業をしていたから何かあるとは思っていたが、よもや世界的な大事件と盛岡の本屋の片隅が現在進行形でリンクするとは、完全に予想の埒外だった。

伊藤店長が作ったそのコーナーの前には、開店直後から常に人が立ち止まり、選書された本を手に取っては熱心に目を通す姿が見られた。コーナーの核となる主要な本は、午前中には売り切れてしまった。その衝撃に眠気も吹っ飛んだ僕は、頭を懸命に働かせて状況を言葉に置き換えて理解しようと努めた。

世の中で起こったことと売り場をリンクさせること

遠くで起きた出来事も身近な暮らしに引き寄せて考えること

おぼろげながらも極意のようなものを摑んで、僕は少なくないショックを受けた。イスラム過激派の仕業だと断定されたわけではないのに、見切り発車的に書店で売り場を作って、どこよりも、ひょっとすると当時の新聞よりも早く情報を発信する。その書店人としてのあり方。

僕のなかでは当時、中東のテログループとイスラム過激派はイコールで結びつけられてはいなかった。だが、前もって国際情勢の知識を有していた伊藤店長のなかでは、確信的につながっていて誰よりも早く、大きく展開したのだ。その背中に、正直シビれた。以降、何か社会的な事件が起こるとその意味と重さとを考え、可能な限り連動させて売り場を作るということを僕は覚えたのだった。

「書店員」でなく「本屋」

迎合をよしとしない性分、出版業界の自由さ、自分が信じた本を売れる喜びがいまも僕が本屋で働く理由だ。「書店員」なんて格式張った呼び方があるけれど、僕は「本屋」という少しアウトローな響きを持つ職人気質《かたぎ》な呼び名のほうが好きである。本屋は多義的な主義思想が集積する場所であるが、そこで働く人間はそれらに流されない芯のようなものを持っていなくてはならないと思うから。少しはみ出すくらいの、「俺は本屋だ、文句はあるか」くらいのほうがいい。いまだに背中で語れている自信はないけれど。

ひと昔前は「学生運動で無茶やっていました」「マルクスだったら任せてください」という熱の入った手合いもいるにはいたらしいが、それは本物のアウトローではないのではないかと思う。学生運動全盛の時代に生きながら周りに流されず、視野狭窄に陥る彼らを冷静な眼差しで観察していたような人間こそが、本屋と名乗るにふさわしい。僕はそう思う。

時代を疑うこと
少数派に寄り添うこと
目線を少し先へと定めること

この三つは、業界の先人たちが僕たちの世代に残そうとしてくれたもので、本屋である僕たちが掲げ続けるべき目標ではないかと思っている。この仕事の面白さを伝えるバトンは、いま僕ら現役の本屋に託されているが、これから先はどうなるかわからない。本屋で働きたいという人を増やすこと、本屋そのものに憧れを持ってもらうために、僕らは何をするべきだろうか。自問自答しながら、同時に心のなかでこう祈っている。

自分が「本屋」という職業でいられますように
この「本屋」という職業がまだまだ続きますように

第二章

本屋発のベストセラーの作り方

1　『思考の整理学』で学んだこと

ちくま文庫の実績が伸びない

「松本さん、NHKさんからお電話です」

入荷した本を、ああでもないこうでもないと店先に並べていたら、店のコードレスホンを持ったスタッフに声をかけられた。ああ、NHK出版の安田さんかなと受話器を受け取る。安田さんは日本雑誌協会（雑協）のメンバーで、先日雑誌の売り伸ばしについて会合を持ったばかりだ。穏やかな物腰で会話のバトンを預けてくれる聞き上手。しかし、こちらが話し終えた後に発せられる含蓄ある一言が、見識の広さを物語る。安田さんは、そんな人物である。

「もしもし、お世話になっておりまーす」

とても懇意にしている営業担当さんなので、嬉しくて声のトーンが上がった。口調も第一声から自然と親しみのこもったものとなった。

「わたくし、渋谷にありますNHK放送局の者です」

違った。総務省管轄の公共放送のほうからの電話である。バツの悪さを押し隠し、電話口の抑揚のないバリトンボイスが伝える要件に耳を傾けると、懐かしさが込み上げてきた。
「承知しました。詳しくはメールをいただけるとのことですが、大丈夫。お越しいただいて結構です」こちらも声のトーンを抑えめにして応じ、電話を切った。

話はおよそ一〇年前、二〇〇六年に遡る。

苦しみのなかで僕は一枚のPOPを書いた。勤め始めて五年目。その当時、さわや書店本店で文庫担当をしていた。さわや書店の文庫担当は店のエースだ。前任の文庫担当者は、新しく盛岡駅構内に開店するフェザン店への異動が決まり、僕が後を託された。さわや書店に入ってからそれまでは新書を担当していたのだが、いつの日か文庫担当になることは、目標であり憧れだった。様々なジャンルを横断する文庫は、大きく店の売り上げを左右すると同時に、工夫の余地があり、多くのお客さんと真剣勝負ができるという思いがあった。だから、任命される前から、売り方やお客さんの好みを頭のなかに叩き込み、来るべき日に備えていたつもりだった……。

しかし、その高揚は長くは続かなかった。念願の文庫担当になってみると、前任者の「前年同月販売数」が僕の心に重くのしかかったのだ。書店というのは、わりと職人の世界に近い。理屈ではなく、感覚で判断しなければならないことも多く、駆け出しの僕では月の販売冊数が目標に一〇〇冊ほど及ばなかった。前任者が作ったベースにタダ乗りした挙句に一〇〇冊足りない。軽く上回れると考えていた自分の浅はかさを恥じ、力量不足を痛感した。

とくに筑摩書房が出版する「ちくま文庫」の成績は悪かった。僕が文庫担当となる少し前に、筑摩書房の営業担当者は年齢が近いKさんに代わっていて、音楽の趣味や物に対する価値観や考え方、そして何か諦めに似た感情が心の何割かを占めているところなど、互いに共通点を嗅ぎ取り、仕事そっちのけで語り合っていた。何度か顔を合わせるうちに仲は深まっていったが、文庫担当になってしばらくして、そのKさんからこんなことを言われた。

「松っちゃんが担当になってからさ、ちくま文庫の成績が下がっているんだよね」

その一言を聞いて、若かりし頃の僕はKさんとの関係に思いを巡らせた。

仲が良い、それだけでは意味がないのだ。まず頭に浮かんだのはそのことだった。仕事で知り合った間柄とはいえ、これから目の前の彼と、築いた対等な関係性を継続するためには、自分のなかに負い目や後ろめたさを持ってしまっては、気後れしてしまう。Kさん自身も自社に帰って、仲はいいですが販売成績は下がりました、では肩身がせまいことだろう。時間にしてたった数秒。口をついて出た返答は、自分でも予期せぬものだった。

「わかった。これから一カ月の間、僕はちくま文庫しか読まない。次回会う時には何かしらの結果を出している……はず」

語尾は若干弱まったが、自分なりの精一杯の決意表明だった。実際に、それからひと月の間に二〇冊ほどのちくま文庫をピックアップして読んだ。商品知識をつけて、そのなかから売れるものを探そうと考えたのだ。もちろん「ちくま文庫しか」というのは建前で、隠れて他の出版社の文庫も読んだことは秘密だったけれど。

『思考の整理学』との出会い

そのやり取りの後、ある一冊と出会った僕は心の内のとても深いところで納得した気持ちになった。それまでの人生で、学校や社会に対してつねに抱えていた違和感をなだめ、現実世界との折り合いと接し方を優しく諭し、新しい尺度と価値観をもたらしてくれた一冊の本。一九八六年に文庫化された、その本のタイトルは外山滋比古先生の『思考の整理学』という。

『思考の整理学』外山滋比古（ちくま文庫）

僕が手にした当時でも、すでに出版から二〇年ほどの時が流れていた。グライダー人間と飛行機人間のたとえ話から始まるこの本は、僕に強烈なインパクトを与えた。昼の休憩時間に途中まで読んだ内容を、まだ全部読んだわけでもないのに、興奮気味に伊藤清彦店長に語った記憶がある。

少しだけ内容に触れると、本書のなかで語られるグライダー人間とは、風を受けなければ飛ぶことができない「受け身」の人間のことである。指示を出されるととても上手に物事をこなすが、自発的に物事をなすことができない。一方、対比されている飛行機人間は「自発的に」空を飛ぶことができる人間のことだ。自分で問いをたて、解答までの道のりにおいて自由に思考を飛翔させて目的地までたどり着く。こういった例を挙げながら、本書は思考法のアドバイスをくれる。自分のなかに植えつけられていた「こうあるべき」という常識からの脱却と、一歩目を踏み出すためのヒントを示唆する内容のエッセイ集だ。

日本には圧倒的に「グライダー人間」が多い。そもそも戦後の日本の教育制度が、欧米各国に追いつくためのカリキュラムとして、物事をインプットし、その内容を正確にアウトプットすることこそを重視した。記憶力に長けた人間をエリートとして重用する制度は、世界における日本の教育水準を一定のレベルまで押し上げたが、インプットとアウトプットの間にある「思考」の段階は置いてきぼりにされた。追いつくこと自体を目的とした場合、重視されるのはスピードである。求めるスピードを得るためには、余計な重量を減らさなければならない。戦後の高度経済成長における教育では「思考」はお荷物だったのだ。

正確な「記憶装置」としてのパソコンやスマホが普及する前から未来を予測し、人間の思考の重要性を指摘した外山滋比古先生はすごい方だと思う。この本を書いたこと自体、外山先生が自分の頭で物事を考え続けてきたという証左だろう。

いままで自分の頭で思考らしい「思考」をしてこなかった僕は、学校の試験の点数や偏差値で頭の良さが決まることを、そんなもんかと受け入れてその価値観に振り回されてきた。典型的なグライダー人間であることを、本書によって思い知らされたのだった。当時二〇代後半だった僕は、その衝撃を自戒の念を込めてこんなキャッチコピーで表す。

〝魔法のポップ〟誕生

〝もっと若い時に読んでいれば…〟
そう思わずにはいられませんでした。
何かを産み出すことに近道はありませんが、
最短距離を行く指針となり得る本です。

一行目を青いペンで大きく書き、「〝　〟」部分に赤い下線を引いた。二行目を黒いペンで少し小さく書き添えたこのPOPが、まさか日本全国で爆発的なヒットを記録することになろうとは、この時には想像すらしなかった。

七〜八冊を仕入れて、午前中のうちにPOPとともに売り場に置いた。店のなかほどの平台に確かに置いたはずだったのに、その日の夕方には本が消えていた。最初に頭をよぎったのは、自分が置いたと思ったのが勘違いで、どこか別の場所に放置してある可能性だった。

お客さんの問い合わせの応対や、混雑したレジにヘルプで入る時など、色々な仕事を同時進行でこなしていると、そういったことはよくある。だが、店内の心当たりを見回ってみてもどこにもない。

つぎに、他のスタッフの誰かがクレームを受けたか、もしくはPOPの誤字脱字などを指摘されて売り場から外してしまった可能性に思い至って確認したが、どちらも違った。

まさかと思い、本に挟んである売れた時に回収する、「スリップ」を調べてみると、はたして全冊しっかりと売れていた。慌てて追加注文を頼み、一〇冊、二〇冊と面白いように数を積み重ね、三カ月間で九〇冊を販売した。書店が大型化し、一冊の本を多面展開する書店が多いなかで、当時のさわや書店本店では「多面」はご法度。POPをつけること以外では他の本と差別化せずに、店の文庫売り場でひっそり一面で販売した結果としてはかなりの成果である。その快感と手ごたえは、それまでの五年で経験したことのないものであった。僕はこの経験によって一つ、言葉にできない「感覚」を身につけた。

販売を開始してから三カ月後に来訪したKさんに、得意げに結果を報告すると反応は薄く「ふーん」ぐらいの答えが返ってきただけだった。肩透かしを食らったような気になりながら、さすが半分が諦めでできているバファ◯ンのような男だと妙な関心を持ったのだったが、単に感情が表に出にくいだけだったらしい。社に持ち帰って熱弁をふるった（と思われる）

Kさんは、ほどなくして電話をかけてきた。

曰く、筑摩書房のデータにおいて、信頼できる他の都内近郊の書店で『思考の整理学』を仕掛けてみたいんだけど、そう冷めた口調で切り出されたので快諾すると、その結果はわりとすぐに現れたらしい。

文庫になった一九八六年から二〇〇六年までの二〇年間で一七万部（実はこの数字もかなりすごい）だった本書が、このPOPをきっかけに二〇〇七年から二〇〇八年にかけて四〇万部近くを増刷。仕掛ける店は倍々で増えていき、二〇〇八年には東京大学生協、京都大学生協において年間販売数一位を獲得した。この結果を受けて、「東大・京大で一番読まれた本」として本書はさらなる脚光を浴び、あれよあれよと二〇〇九年に一〇〇万部を突破。刊行から二三年目にして、一〇〇万部を超えたことが大きな話題を集めた。その後も新たな読者を獲得し続け、ロングセラーとなった本書は、文庫化から三〇年の節目の二〇一六年、なんと二〇〇万

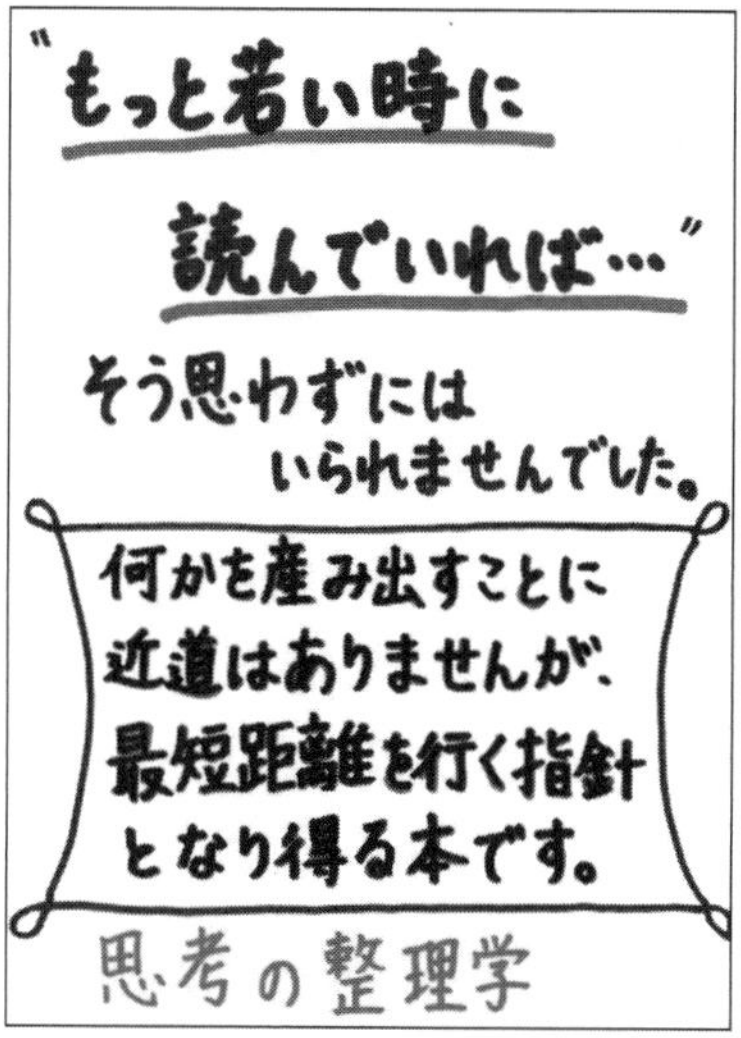

ミリオンセラーのきっかけとなった手描きポップ

部を突破した。

本屋としての苦悩の始まり

仕掛けが成功した当時、いくつもの取材を受けた。

もっと若い時に本書に出会わなかった僕は、物事がうまく運ばないたびに、学生時代の勉強の出来不出来に理由を求めがちだったように思う。日本の地方都市である盛岡の片隅で伊藤店長の教えを忠実に体現し、自分で考えることを『思考の整理学』に教えられたばかりの、本屋としてはよちよち歩きの僕は、置かれた現実に対して圧倒的に実力が不足していた。

運が味方したことと、なにより伊藤店長がいることで注目されていたさわや書店だから『思考の整理学』は世に広まっていったのだと思う。あとは筑摩書房さんと、東大・京大生協さんの力だ。取材で何か聞かれるごとに、自分のなかの語るべきことの少なさに打ちのめされるということが続いた。

僕が「思考の整理学の」という枕詞を、次第に重荷と感じるようになるのに時間はかからなかった。「次」を求められ、求めに応じようとして失敗し、僕は次第にその実績が周囲から忘れさられることを望むようになっていった。その後、さわや書店フェザン店へと異動し、「外で名を売る田口幹人店長」と「内で店作りをする自分」という役割分担を二人で相談して決めた時は、正直とても救われたという心持ちになった。これでようやく本当の実力をつける日々が始まったのだ。飛行機人間になるための日々が。そう思った。

2　ベストセラーを生む功罪

マスコミ対応の難しさ

『思考の整理学』のヒットからおよそ一〇年。力をつける日々は、苦悩の連続だった。

その日々の続きを、さわや書店フェザン店で過ごす僕は、ベストセラーの階段を駆け上る「ある本」が醸す喧騒のなかにいた。とはいえ、仕掛け人は僕ではない。渦中にいるのは若きエース長江貴士くんである。新しい力が台頭しない組織は必ず滅びるというが、さわや書店はなんとか、次世代へとバトンを渡すことができそうである。

そんな長江くんと飲みに行った時、「天狗にならないようにしているんですよ」という言葉を聞いた。ひょうひょうとしているように見える長江くんでも、「文庫X」騒動には思うところがあるようだ。連日の取材に若干お疲れぎみである。

それはそうだろう。同じような質問が繰り返され、それに答えること二〇回以上。マスコミの人たちは、話題の事柄や流行を追い、視聴者へと情報を届けるという使命感を持っている。その使命感から、取材対象へは多少強引な協力を強いることも少なくない。一〇年前に僕も経験したことだ。

彼らは使命感をたてに僕たちの日常に入り込み、非日常的な理屈を持ち込んで、とにかく自分たちの文脈に沿った答えを求める。そんな場面に幾度か遭遇した。わかりやすく言うと、彼らの欲しいコメントや結論は取材の前に決まっていて、そこに誘導されているような感じが拭えないのだ。活字になったものや、録画された出演番組を見ると、もともと用意されていた空欄に、自分の言葉が嵌め込まれている。

「決められた取材時間内に」という理屈もわかるし、もちろん常にそうだとは言わない。だけど、僕らの日常に対する配慮に欠けているのではと、苦々しく感じることもしばしばだ。それって本当に正確に伝えようとしているのだろうか、と。

放送後の本屋の店頭に、反響と消費の促進をもたらす代わりに、彼らは僕らの通常業務に充てる時間と精神力とを奪ってゆく。今回そのことを再認識した。長江くんは通常業務に充てる時間の多くを、文庫Xの取材対応で削られていた。それをフォローする周囲のスタッフにも負担がかかる。ツイッターなど、口コミの増幅装置であるSNSがあるいまでも、テレビの影響力は少なくない。事実、文庫Xにおいても、最初に火がついたのはツイッターだったが、テレビで紹介された翌日には販売冊数が三倍に跳ねた。

一人の視聴者として以前から、テレビで「ツイッターで話題の」という紹介のされ方を見るたびに、敵に塩を送った上杉謙信の逆パターンだなと思っていた。苦しい立場にあるほうが、なけなしの塩を敵に送っているように思えてしまうのだ。昨今のエンタメ周辺業界のビジネスは、余暇の奪い合いだと言われている。テレビを見る時間をネットに奪われているのに、「ツイッターで話題の」とやることに、何かメリットはあるのだろうか、と。しかし、その言葉はすぐに自分へと返ってくる。

ネットで書評を書かせてもらっている自分がそこで紹介した本を、どれだけの人が「本屋」で買ってくれているのだろう。ネットの書評で話題になると、ネット書店で当該本のランキングが上がる。物理的に遠くにいる人へ、自分がいいと思った本の紹介をしたいという強い気持ちがある一方で、敵に塩を送っているのではないかとの考えが浮かんで胸中は複雑である。「瞬間的な」指標の一つとしては、ネット書店のランキングはとても優れていると は思うのだが……。

とまれメディアに露出すれば注目もされる。注目されれば、本来の目的である「本を売るために働く自分」というアイデンティティが薄れてゆくような感覚に苛まれる。長江くんは、自分が取り上げられることで本が売れるという錯覚を呼び、ひいては自分が取り上げられるために本を売るというように変化してしまってはならないと、自らを戒めて冒頭の発言となったのだった。いるからね、そういう人。うん、うん。

しかし一方で、自分の名が売れることでもたらされる「効用」も僕は知っている。『思考の整理学』がベストセラーになったことによって、もたらされた「効用」は主に三つあった。

名前が売れることの効用

一つ目は、情報がより早く、より多く手に入れやすくなったこと。出版社から発売前に意見を参考にしたいと、ゲラやプルーフ（刊行前からの宣伝のために校了前の原稿を仮製本した見本本のこと）と呼ばれる見本が届くようになった。影響力があると認められると、どこかのメディア出演の際に取り上げてくれるかもしれない、店で力を入れて売ってくれるかもしれないとの期待から、編集者が送ってくれるようになったのだ。

二つ目は、出版社とのやり取りがしやすくなったこと。売れている本も店に入荷しなくては売り上げとならず、お金に換わらない。必要と思う本を必要な冊数だけ仕入れることができたら、店の経営は安定する。刷り部数が限られている「本」は、他の書店との商品の奪い合いという側面がある。その数は過去の実績によって決められることがほとんどだが、信頼関係がものを言うことも多い。

たとえば、無名の新人の本を僕が「売れる」と判断したとして、出版社に連絡を取ったが、在庫がないという場合、僕なら他の書店からある期間を過ぎて出版社に戻ってくる「返品」を、その都度もらえるように手配をお願いする。それを卸業者である取次にお願いすることもある。つまり定置網漁のように魚が通過する場所に仕掛けを施し、獲物を捕獲するのだ。

出版社の営業担当者は何年かのサイクルで代わるが、情報は次の担当者へと引き継がれる。名が売れることで、関係が浅くとも「松本さんが売ると言っているなら」と、融通してくれる営業担当者がいることは大きな強みだ。

そして三つ目は、人脈の広がりである。当たり前のようだが、これが一番大きかった。人と人が出会う時、相手に覚えてもらうのはなかなか難しい。手っ取り早いのは会う回数を重ねることだが、岩手県にいる僕は首都圏を訪れる機会も限られている。名前や顔のほかに相手の印象に残る要素として、「ああ、あの『思考の整理学』の仕掛け人の！」というのは、なかなかに強烈だった。外山滋比古先生の威光を背に、多くの方々と関係を築かせてもらった。それは働くうえでいまも僕の一番の財産となっている。

一〇年ぶり『思考の整理学』再読

本章の冒頭、NHKからの電話は、取材の依頼だった。

詳しく話を聞いたところ、『思考の整理学』が二〇〇万部を突破したという結果を受けて、著者である外山滋比古先生と、その志に賛同して京都大学で教鞭を執る瀧本哲史さんに、今年の春先から密着取材をしているという。

『思考の整理学』の仕掛け人として、そのことについてどう思うかと訊かれた時、頭にあったのは、おがっちさんこと小笠原康人さんが盛岡で主宰する読書会「リーラボいわて」（三章にて詳述）で『思考の整理学』を取り上げる予定があることだった。読書会の存在を電話で告げると、その様子をぜひ取材・撮影させて欲しいと打診された。おがっちさんとの間をとりもちつつ、僕も撮影に顔を出したいと申し出ると「もちろんです」と快諾してくれた。これも前述の「効用」がもたらした出会いである。

読書会当日。

あいにくの雨のなか早めに会場へと入り、読書会に参加する人々の顔ぶれを観察する。事前に募集した二五名の定員に、すぐに達したことはおがっちさんから聞いていた。しかし、天候も天候なので出席率が気になって、わがことのようにそわそわと落ち着かない。結果的に心配は杞憂で、NHKの撮影隊四名が到着する頃には七割の参加者がすでに到着しており、一人の欠席者も出ることなく会は始まった。

参加者は四つのテーブルに分かれて着席し、それぞれ持ち時間の三分間で『思考の整理学』を読んで気づいた点、疑問に思った箇所、自分流の解釈などを挙げる。三分の持ち時間が終了すると、今度はテーブル全員でもう三分間、その人の考えを掘り下げるということを繰り返すという形式である。

出版から三〇年の時を経て、なお熱い議論が交わされる。傍らで参加者の感想などを聞きながら、僕は驚いていた。ほぼ一〇年ぶりに本書を読み返してみて思ったことだが、その普遍性と不変性とを皆一様に口にするのだった。出版から三〇年、世の中を見まわせば劇的に変化した事や物だらけだが、この本には変わらぬ「学び」がある。それは色褪せないものだった。物事の本質を捉えるとは、こういうことなのだと感じ入る。通常一人で完結する読書という行為が、同様の体験を経た複数人と議論することで、より深い確認作業となる不思議な感覚だった。ＮＨＫのディレクターさんも、読書会の様子を撮影するカメラマンの横で、腕を組みながら「レベル高いですね」と漏らしていた。

撮影も終わり、おがっちさんから事前に聞かされていた「仕掛け人・松本大介へのインタビュー」が始まる。訊かれた質問に答えながら、どこか客観的に語る自分を感じていた。過去の成功事例と決別するために多くの時間を要したが、自縄自縛から解放されたような晴れ晴れとした心持ちだった。一〇年の日々で、少しは力がついたのかもしれない。いや、少しも力がついてないとなれば、それはそれで問題なのだが。

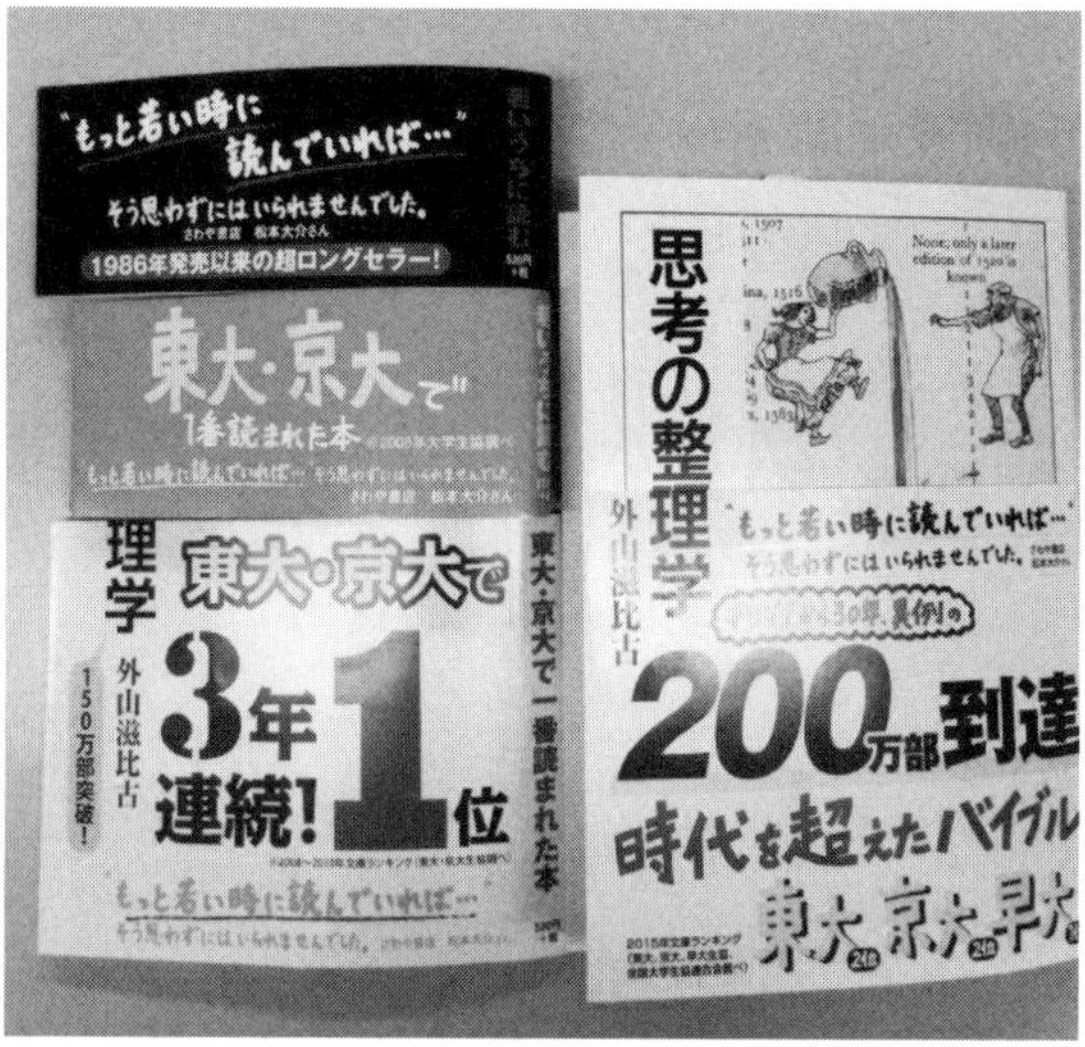

『思考の整理学』に付けられたこれまでの帯の数々

おがっちさんにお礼を言って、会場を辞去する。雨は弱まっていた。

放送当日は遅番で、夜九時半頃まで勤務していたために、リアルタイムでは見ることは叶わなかったが、翌日に録画したものを見た。まずもって、外山先生がお元気そうだったことが何より嬉しかった。放送終了後、某ネット書店で『思考の整理学』の売れ行き順位が、総合ランキング一位まで上がったという。ツイッターのタイムラインを遡ってチェックすると、「懐かしい」「大学受験で問題に出た」「もう一度読み返してみる」というツイートが散見され、自然と頬が緩んだ。

現実に起こった事象があって、それがテレビで取り上げられ、ツイッターで話題となる。そうか。テレビが先にあって、ネットにおいて口コミが広がるという、逆パターンの相乗効果もあるのかと、遅まきながら気づく。送った塩って、返ってくるんですね。

発売から二三年を経て一〇〇万部を突破したことは当時も驚かれたが、それから七年でもう一〇〇万部を積み上げたこと、長く読み継がれる作品であり続けていることが何より嬉しい。そのきっかけを作れたことを、今なら胸を張って誇れる気がする。

当時を振り返る機会を得て、営業担当だったKさんも僕も、この本によって鍛えられ、そして救われたのだと思った。

役割と結果。そして結果による役割。

わけもわからず、がむしゃらに仕事に励んだ二〇代。幸運にも追い風が重なり二人で作り上げた『思考の整理学』の大ヒット。その大ヒットによってもたらされた劇的な環境の変化。自分の実力よりもはるか高く設定されたハードル。

そのハードルを超えるという役割を与えられ、超えられないことが悔しくて、いつか超えてやろうとそれぞれに奮闘した一〇年の日々。営業で結果を出したことで、周囲に望まれる形で編集へと抜擢されたKさんは、慣れぬ環境と周囲からの期待とで、相当な苦労を重ねたらしい。

そして今、彼は僕に「互いに蓄えた力を持ち寄って、二人の三〇代の一番大きな仕事にしよう」と、この本の執筆の話をくれた。一〇年前の、あのハードルを一緒に超えてやろうぜと。

本屋の使命

『思考の整理学』が取り持ってくれた、たくさんの縁を感じれば感じるほど、僕はやはり「本屋」が存在している未来を残さなければと思う。人と、人との出会いがなければ生まれないものがある。いや、世の中のほとんどすべての物事は、人と、人との出会いによって成り立っている、そう教えてくれた。

ターミナル的役割としての本屋がなければ、世に出なかっただろう事例に、僕は店先で数えきれないほど多く立ち会ってきた。本が取り持つ縁は、現場にいなければ経験しえないことである。現状、「本屋」の他にネット書店があって、本を売る窓口は広がったはずなのに、以前より本が売れない。これは本そのものの魅力が、失われたことによるのだろうか。そうではないと僕は思う。ターミナルとして本屋が果たすべき役割を、本屋自身が演じきれていないこと。この一点に尽きる。

本が売れなくなったから本屋が少なくなったのか。はたまた、本屋が少なくなったから本が売れなくなったのか。そんな因果性の問題ではない。人と人とが繋がるターミナルである、本屋本来の役割を見失った結果として、いまの本が売れないという状況がある。僕はそう考えている。

本への愛情を持つ人同士がぶつかった時にもたらされる熱量は、残念ながらネット書店を介しては生まれ得ない。『思考の整理学』を例に考えても、僕とKさんは単純計算で二〇〇万人へと本を届け、その人たちへ何らかの影響を与えた。読んだ人が世間にもたらした影響も考慮するとそれ以上であろう。もし『思考の整理学』がヒットしていない社会があるとして、その世界と比べたらと想像を巡らす。

想像した時に思うのだ。本屋が無くなることで、得られなくなる「形のない何か」はきっとある。元から存在しなかった世界と、それが無くなった世界は決して同じではない。失くしてはじめて、その不在に思い至る。想像では補いきれない「何か」、郷愁では片づけられない「何か」。

その「何か」を失わさせないために、人と、人との交わりの場として本屋は機能するべきだし、そこから生まれる社会現象を絶やさずにいることが、僕ら本屋の役割なのかもしれない。そんなふうに思っている。

3　文庫Ｘ狂想曲

さわや書店からヒットが生まれる理由

「どうして、さわや書店から次々とヒットが生まれるんですか？」

そう問われることが増えた。その問いに答えようとする時、なぜだかわからないが頭に思い浮かぶイメージがある。それは熱血教師と不良生徒のやり取りの場面だ。

生徒「俺は大人たちの言うとおりになんかならない」

教師「世の中はお前が思うほど甘くはないぞ」

生徒「甘くないって⁉　じゃあスイーツ業界にでも就職してやるよ」

教師「ふざけるな！」

（殴る音）
生徒「痛ってぇ……俺……俺、目が覚めたよ」
教師「ふざけるな！」
（殴る音）
生徒「痛ってぇぇ！　マジかよ!?　なんなんだよっ!!」
教師「そんな簡単に自分の意思を曲げるんじゃない。ふざけているのか？」
（以下略）

僕は頭のなかの彼らをやり過ごし、一拍おいてニヤニヤしながら「偶然ですよ」と答えるのが常だ。

体罰に過剰に反応するいまのご時世、前述したような不毛なやり取りが繰り広げられることはまずないだろうが、世にはびこる理不尽は様々に形を変えて存在する。この場合は、簡単に変節する生徒もどうかと思うのだが、教師の価値の押しつけにも「ふざけるな」と感じることだろう。一体どちらに理があるのか（どちらがまだまともだろうか）、本稿をお読みいただく前に考えていただきたい。さわや書店流の解釈はもう少し先で述べようと思う。

「文庫X」というゲームをご存じですか？

二〇一六年夏、「文庫X」が世を騒がせた。ご存じない方のために説明すると、「文庫X」とは星の数ほど出版されている文庫のなかから、たった一冊を推理して当てようという書店員同士のプライドをかけたデュエル（対決）である。基本マンツーマンで行うのだが、書店員であるプレイヤーは任意の書店店内において選んだ文庫本一冊を、誰にも知られないようにデッキにセットする。互いに選んだことを確認して先攻、後攻を決めたら既定のQ&Aへと移る。まずは最初のクエスチョンだ。

「フィクション？　ｏｒ　ノンフィクション？」

万が一にもここで自分が選んだ一冊を相手に当てられてしまうと、書店員資格を永久に剥奪されてしまうので緊張感を伴う。ゲームはまだ始まったばかりだ。仮にここで正解するプレイヤーが現れたとしたら「Xマン」という最高名誉の称号が手に入る。

次にISBNという13桁の数字を開示するという手順を踏む。この数字はマイナンバーのように一冊ごとに割り振られているものだ。

駆け出しの書店員はここで注意が必要だろう。ISBNとは「International Standard Book Number」の略で、頭の「９７８」は国際標準コードであるから、この頭の数字の連なりが「ISBNの数字である」という存在証明みたいなものだ。続く「4」は国記号を表す。だから、雑誌を除く日本国内で流通している書籍はすべて「９７８４」から始まることが決められている。さらに最後の一桁はチェックディジットという検査数字なので、あまり意味をなさない。勘のいい方ならもうお気づきだろうが、「13桁－5桁＝8桁」だから当てるためには実質8桁の数字を覚えていればよいことになる。熟練のプレイヤーはさらに、この8桁が出版者記号と書名記号に分割されることを知っている。手練れともなると文庫版元の出版者記号はすべて記憶しているから、かなり絞ったうえで書名を推理してくる。上位ランキングに居座っている猛者どもは、本の厚みなども手掛かりに当てにくる。書店の現場で本に触れ、優れた記憶力を有していればここで勝者となることも不可能ではないが、この段階で正解を導くのはかなりすごい。称号は「エイトマン」が与えられる。

この後は、ページ数（称号「ジミー・P」）、発行年（称号「ハウオールド」）、本体価格（称号「ハウマッチ」）などのクエスチョンを、プレイヤー自身で選択しながら闘いは続く。厄介なのはここまでのクエスチョンで決着がつかず、闘いがもつれた場合だ。

「パブリッシャー（出版社）　or　ライター（著者）？」

「ファーストセンテンス（最初の一文）　or　ラストセンテンス（最後の一文）？」

これらのクエスチョンは決定打となることがままある。僕ら書店員は普段から本を読み込んでいるから、ここで勝負の九割までが決まるといっても過言ではない。先に述べた手練れはISBNによって出版社を特定しているので、「ライター？」を選びアドバンテージを得る。この後は「タイトルは何文字であるか？」「タイトルの最初の一文字は？」と続いていくんじゃない？　いくんでしょう、きっと。

すみません。最後のほうは投げやりになりました。ええ、嘘です。ふざけています。文庫Xって、そもそもゲームじゃありませんし。え、なんでそんな嘘を長々と書いたのかって？一応、文庫Xの認知度を知りたいと思いましてね。で、どうでした？　これ元ネタはX文庫っていうゲームのルールを拝借したものなんですけどね……なーんて、これも嘘でした。鬼才・貴志祐介の小説じゃないんだから、そんなゲームあるわけないじゃないですか。騙されました？　いえいえ、もちろんこの嘘が意図するところは、それだけじゃないですよ。

文庫Xを仕掛けた男

文庫Xについて（ちゃんと）説明する。文庫Xとは、正体不明の文庫として、さわや書店フェザン店で書名を伏せて販売した文庫のことだ。

「フィクション？　or　ノンフィクション？」

答えは「ノンフィクション」。そして、もう一つだけ明かされているヒントは「810円」という値段だけ。なんて不親切な。「誰が？　一体、何の目的で？」というその疑問、もっともです。

お答えしましょう。その不親切が服を着て歩いているような男の名は長江貴士。当さわや書店フェザン店で文庫担当をしております。業界で知らぬ者のいない美男子で、高身長、高学歴、高い山がある県出身の「三高」。二〇一五年秋、放浪の果てに岩手県盛岡市へとたどり着き、長江、長っ尻、長患いの「三長」ブームを岩手県に巻き起こしました。二〇一六年七月のある朝、彼が勢い込んで僕のところにやって来て言いました。


「松本さん、『〇〇〇〇〇〇〇〇』って読んだことありますか?」(〇には書名が入ります)

「ああ、あるよ。単行本が出た時に読んで、すごい本だと思った」

「やっぱりそうですよね!」

「単行本が出た当時、何とか売りたいと思ってあの手この手で頑張ったけど、実売は四〇冊が精一杯だったな」

「これ装丁もタイトルも普通に売っていたら手に取らないと思うんで、表紙を隠して売ろうと思うんですよ」

「『ほんのまくら』みたいに?」

「いや」

次に続く言葉を放った長江くんの表情を、僕はいつまでも忘れないだろう。

「表紙を隠すために覆う紙に、僕の思いのすべてを書こうと思います」

眉を上げ、口角を下げたその表情は、顔全体がすでに「X」だった。

補足説明が必要かもしれない。「ほんのまくら」とは、二〇一二年に紀伊國屋書店さんが企画した画期的な売り方だ。その本の最初の一文のみを印字したオリジナルカバーを作成し、一冊、一冊、表紙を隠すようにそのカバーを掛けるという、手間を惜しまない販売方法で話題となり、遊び心も相まって大きく売り上げを伸ばした。当時、その販売方法を応用できないかと、長江くんは考えていたらしい。

それに近い試みとして、当書店の田口幹人氏が試みた販売方法に次のようなものもあった。

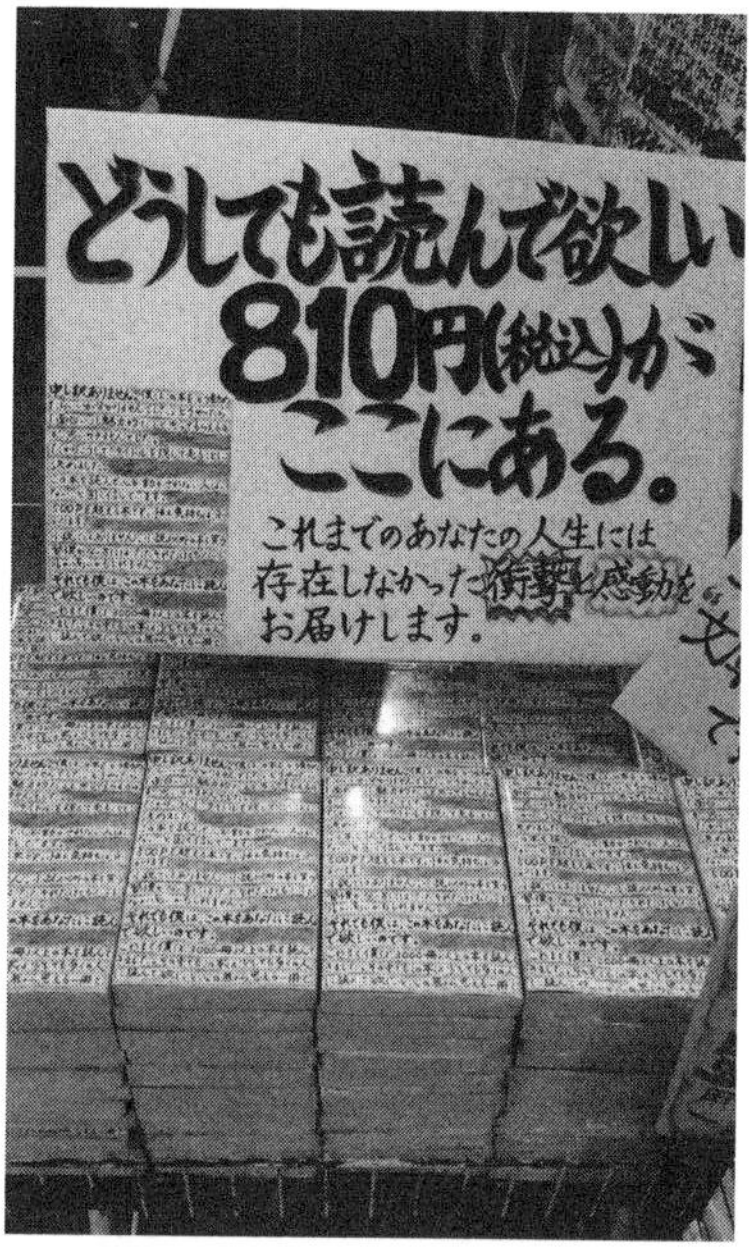

文庫Xをワゴン台で展開するフェザン店

内容がすこぶる評判だった小説、『てのひらの父』大沼紀子（ポプラ社）。文庫化に際して装丁が変わってしまったその本の表紙が、作品のイメージを伝えきれていないと判断した田口氏は、絵の上手いスタッフに単行本当時のカバーを手書きで作成してもらったのだった。ただし、この試みはカバー自体の量産が利かなかったことから非売品であり、平積みの一番上にシュリンクしたその本を置いて見本とするのが精一杯だった。であるから、実売にはあまり結びつかなかったが、文庫Xが世に出るための素地となった。

期待をかけた「ホラー文庫フェア」と「嘘八百フェア」

クローズアップされる成功体験の裏には、より多くの挑戦の積み重ねがある。同じ時期に文庫Xよりも力を入れて販売戦略を練り、文庫Xより期待をかけてフェア台に投入したのが「ホラー文庫フェア」だった。

大和書房さんの協力を取り付けて、おどろおどろしい表紙の共通のカバーを作成してもらい（その数五八点）、付録として全部に「嵯峨耶《さわや》神社」のお札型しおりをつけ、本のタイトルが見えないようにビニールで包装。さらには「もっと神社感が必要ではないか」という焦りを勝手に抱いて、六角柱の頭の部分に穴が開いた「おみくじセット」を某サイトで購入（二一六〇円）。先端部にもともと書かれた「大吉」などの部分を紙でくるみ、「1〜58」の数字をつけて改良し「どれを買っていいかわからない人へ」と貼紙をして売り場に置いた。

この工夫は結果的に、一見するとすべてが同じ本に見えてしまうという問題点を解決するのに一役買うこととなった。僕の「数字じゃなくて、全部大凶にしよう！」という提案は当然のように黙殺されたが、これらの企画、実行はすべて長江くんが仕切った。

結果、初回の仕入れに対する実売率は七五パーセント。通常のフェアなら大成功の部類に入る売り上げを記録したのだが、文庫Xの予想を超える売れ行きにすっかり影がうすくなってしまった。幽霊にふさわしいポジションを自ら選び取るかのように。

またSNS連動の企画として「古典嘘八百」というフェアもやった。この企画も夏の文庫フェアの跡地をどうするかという雑談の中から生まれたものだ。古典作品を読むことは結構ハードルが高いのではないかという仮説のもとに、ではその垣根をどう低くできるかと考えたことが端緒である。結果、古典作品のタイトルや著者から得た連想や架空の内容紹介を、

ホラー文庫フェアの展開の様子

読んだことがなくてもツイッターに投稿してもらおうと決まった。著者がご存命であれば、作品の取り扱いに敬意を払わなくてはいけないだろうが、古典作品は人類の共有財産である。この遊び心は失礼には当たらないだろう。内容をまったく度外視する面白さと、実際はどんな話なのかと

いう興味から手に取ってもらうことが一番の目的だ。

じわじわと広がりを見せ、集まった投稿作品のなかで、個人的に一番面白かったのはシェイクスピアの『リア王』である。投稿フォームにはたった一行。

「リアカー売るならリア王！」と書いてあった。

元ネタを知っていれば大爆笑だろう。もう一つお気に入りを挙げるなら、エドガー・アラン・ポーの『黒猫』ははずせない。

「やだ…また来てる」という振りが効果的な投稿だった。このオチは紙幅の関係上ここには書かないので「#古典嘘八百」で検索していただきたい。これらの応募作が契機となったかどうかはわからないが、さわや書店フェザン店の古典新訳文庫の棚はとても回転率がいい。投稿いただいた「作品」は、出版元である光文社さんのご厚意によって小冊子として店頭で配布させてもらった。

実行力に長けた（四つ目の「長」である）長江くんが、さわや書店に入ってくれて本当によかったと思う。いままで、アイディアを話し合うだけ話し合って、面倒くさいから実行しないということが多々あったから、それを形にできる長江くんのような人はとても貴重だ。

しかし、そんな長江くんも、さわや書店に入って驚いたことがあるという。入社して半年くらいの飲み会の時に言っていたのだが、あまりのタブーの少なさに驚いたというのだ。

教師と生徒のやり取りの答え

もはや大半の方がお忘れかもしれないが、冒頭の教師と生徒のやり取り。どちらに理があるか考えていただけただろうか。さわや書店流の解釈を述べると、教師の融通の利かなさも、制約からはみ出そうとする生徒も、取りあえずその存在やスタンスを疑うところから始める。まず、自分が生徒の立場ならば「大人たちの言うとおりなんかならない」云々のバカな決意表明は、思っていても口にしない。だから、このやり取り自体が存在しないだろう。宣戦布告などせずに、スムーズに準備へと移行して行動を起こすか、もしくは教師に服従する態度を示しつつ、水面下でそれと知られないように権利の拡充を目指す。いわゆる「敬して遠ざける」というやつだ。

反対に先生の立場ならば、生徒の第一声を受けて「正直に話してくれてありがとう」という言葉に続けて、「まっすぐに生きろ」と言い残してその場を去る。言葉どおり受け取ってくれたら、もうけものだ。もしも、それ以降の局面へ展開しても、殴る音だって生徒を殴ったとは書いていないし、痛いと主張する生徒も何が痛いのかを書いてはいない。甘いものを食べすぎたために虫歯が痛み出したという可能性だってある。目指せ、スイーツ王。

このように中身を疑う前に、前提である枠そのものを疑うのがさわや書店流のアプローチである。制約を設けないことは、実際に「考える」作業における広がりと、副作用として若干の虚言癖をもたらす。だから、さわや書店には節度をわきまえれば「やっちゃダメなこと」がほとんどない。

冒頭の先生と生徒のやり取りのような「ふざけた」発想から始まる文章や「文庫Xはゲームである」という嘘だって何でもありなのだ。「どちらに理があるか」という二択の罠に捉われているようでは、さわや書店では働けないだろう。

真面目に考えていただいた方、申し訳ありません。

そんな面白いと思ったらなんでもやってよしという雰囲気に、最初は圧倒されたと長江くんは話す。かつて他の書店に勤務していた時、抑圧に対して抵抗するように独自の売り方をする長江くんを見ていて、対岸に面白い奴がいるなと思っていた。もし川（一応ことわっておくと、長江という苗字にかけています）を渡ってさわや書店で働いたら、数年後には面白い存在になるのではないかと夢想していた。縁あって入社が現実となり、早々に世間の話題をさらうようなヒットを飛ばしてくれた。予想を超える発想には、なんて長いものに巻かれない奴なんだとの驚きを禁じ得ない。

これからたくさん失敗も経験するだろうけど、余りある釣果を店にもたらすことを確信している。長江くんはじめ、スタッフに自由にのびのびとやってもらう雰囲気は、僕たちが若い時に、赤澤桂一郎社長や伊藤清彦店長に与えてもらったものである。

その一方で、本の並べ方は教えてもらったが、本の売り方自体は教わっていない。道標は示されたが、どうやって辿り着くかまでは教えられなかった。上の立場に立ってみて、その教育方針を、過ごさせてもらった日々をありがたく思う。

「ふざけるな！」に込められた、制約や価値の押しつけが世の中を面白くなくしていると思うから、僕たちは今日も精一杯ふざけながら本を売る。大丈夫。殴られる時がきたら、田口さんが責任をもって殴られてくれるだろう。

文庫Xの正体と本当の意味

文庫Xの二〇一六年八月単月の売り上げ冊数は七二〇冊。各社の夏の文庫フェアを上回る売れ行きだった。最初に手を挙げてくださった静岡（長江くんの出身地！）の谷島屋さん、戸田書店さん、紀伊國屋書店グランフロント大阪店さんをはじめ、文庫Xの波及に力をお貸しくださったたくさんの方々、ありがとうございました。皆様のお力添えがなければ、書店の店頭からここまでのムーヴメントは生まれなかったと思います。

そして二〇一六年一二月。文庫Xの正体を明かす「文庫開き」のイベントを、開催しようとしていた矢先、某巨大掲示板で文庫Xの正体が明かされてしまったとの報に触れた。少し残念だったけど、明かされてみての感想もまたさわや流だった。

「よくぞここまで、もったよねぇ（笑）」

『殺人犯はそこにいる』清水潔（新潮文庫）

売る手法ばかりに話題が集まった文庫Xだったが、本当の想いは先のところにある。

その想いとは「ノンフィクションの復権」だ。ネットが普及し、日常的にリアルタイムの情報に触れる機会が増えたためか、時を経て事件を検証するノンフィクション作品が売れなくなっている。なにせ裏取りを含めて、取材には膨大な時間がかかる。その間に、世間の関心は次々に移り変わる。生業としているノンフィクション作家は食えなくなっているのが現状だ。彼らは小さな声や違和感を拾う感覚に長じ、伝えるための言葉を持つ。ノンフィクション作家が職業として成り立たなければ、本来なら彼らの仕事によって知り得たかもしれない情報、「未知を知る権利」が狭まることにつながりかねない。

今回の文庫Xをお読みいただいた方であれば、その状況がいかに危険で、私たちに不利益をもたらすかを理解していただけるだろう。だから、一つの区切りとして「解禁日」を設けることは自然な流れだった。

未読の方は、文庫Xこと『殺人犯はそこにいる』清水潔（新潮文庫）を、ぜひお読みいただきたい。

4　「さわベス」の意義

さわや書店の年末の恒例行事

毎年一一月の下旬に同僚との戦いの一日がやって来る——。

二〇一六年一一月二四日、東北地方は休配（本の入荷がない日）だったが、僕はいつもどおり六時半に家を出た。盛岡では例年、一一月に降雪が観測されることが多い。しかし、その雪は積もることなく消えてなくなることがほとんどだ。ドライバーたちは、その雪を合図にスタッドレスタイヤへの交換を急ぐ。

上旬に冬の到来を告げた六花は、地面に触れると同時に散ってしまったが、気温はいつになく低い日が続いていた。まだ薄暗い街並みをマフラーに顔を埋めるようにして職場へと向かう。夜の底に溜まった冷気を蹴るように足を運びながら、今夜の戦いはどんなものになるだろうかと思い巡らす。手の内の駒をどのタイミングで繰り出せば効果的か、知らぬ駒を出された時の対処をどうすればよいか。頭のなかでシミュレーションを重ねる。職場の近くのカフェで、出社までの間に読了するつもりで鞄のなかに入れてきた一冊は、果たして今夜の持ち駒になり得るかどうか。西南へと向かう僕の左手から、太陽が昇る。

レジスタッフの「いらっしゃいませ」の声を聞きながら、スリップを片手に売り場をチェックして歩く。昨日の売り上げ良好書を何冊追加発注するかを判断しながら、眼は別の何かを探して動いていた。忘れている駒はなかっただろうかと。

結局、出社する前に読み終えた本はイマイチで、今夜の戦いにおける駒としては力量不足だった。文芸書のエンド台を見ていると、左手後方から「ご無沙汰です」と声が掛かった。顔を向けると文藝春秋の川田未穂さんが微笑んでいた。川田さんは「オール讀物」の編集をやっており、岩手県が誇る直木賞作家・高橋克彦さんの担当である。盛岡に来た時には、いつもお店に顔を出してくれるのだった。

「どうもお世話になってます」と返すと、いつもどおり自然と昨今の文芸事情についてのやり取りとなった。「何か面白い本ありました?」との問いに、僕は今夜の勝負の駒をすすめると、川田さんはすでに読んでいた。一方、森絵都さんの『みかづき』(集英社)は、まだ読めていないとのことだったので、魅力を語りに語ってご購入いただく。かわりにオール讀物新人賞作家・香月夕花さんの『水に立つ人』(文藝春秋)をすすめていただいた。話はあちこちへと移り、北村薫さんの短編集『遠い唇』(KADOKAWA)のなかでどの話が一番好みだったかを言い合い、意見が一致した。僕が、恩田陸さんの『蜜蜂と遠雷』(幻冬舎)

を読んでいないと言うと「もったいない。めちゃくちゃ良いから読んで」とのお言葉をいただいた。残念。もはや今夜の戦いに間に合わないことを悔しく思う。

そして迎えた戦いの時。この「さわべス」※の一位を決める戦いのために早々に仕事を終え、さわや書店本店へとむかう。

「さわべス」とは、さわや書店の有志が決めるオリジナルの文芸賞のことだ。ちなみに選考会の参加費は自腹である。二〇〇四年の第一回から二〇一五年まで、戦いの舞台となった居酒屋「座・座」は、良い具合に古戦場の雰囲気を醸し出し始めていたのだが、なじみだった店長交代の報が斥候よりもたらされ、新天地を求めることにした。交代した新店長がわれわれ兵《つわもの》どもを受けつける度量があるか懸念したことが一番の理由である。夏草すら生えなくなったに違いない夢の跡。なじみを手放すのは慙愧の念に堪えない。新天地では無理がきかないだろうから、二〇一六年は飲み始める前に素面《しらふ》で大概を決めてしまおうということを、大会本部より通達されていた。

かつての「さわべス」の醍醐味は、酒と泪と不毛な議論にあった。酒を飲みながらいかに正気を保つかということに留意しつつ、必要ならば泪もながし、荒れた大地に七色の虹を出現させるごとく、思い入れ強く自分が推す作品をどう語るか。

「さわべス」初期の頃は酒ばかりがすすみ、前夜の結果を皆うっすらとしか覚えていない年や、悪ノリがすぎて正気に戻った翌日に順位を入れ替えるということも多々あった。居酒屋の店員と共謀して自分はウーロン茶、全員に酒を注ぎまくって酔いつぶれた後、だまし討ちのように「ギャルのパンティおくれーっ!」と叫ぶウーロン作戦だって、これまでは認められた。しかし、昨年までとは違う展開に戦略を練っていたというわけである。

僕は悩んだ挙句、数日前に「根回し+正面突破」を選択した。田口さん、文庫Xを考案した長江くん、そして僕の三人で書籍編の一位の意見のすり合わせをしていたのである。世間でいうところの談合というやつだが、これを政治に置き換えると根回しといい、罪に問われることはない。そんな僕の好きな言葉は「我田引水」と「一暴十寒」である。

前年の一位、内館牧子さんの『終わった人』(講談社)も、ほぼ僕の声の大きさにより決定され(もちろん多少の根回しはした)、フェザン店だけで五二〇冊を売り上げた。最低でもその売り上げに肉薄する作品を選ばなければ、前年の売り上げがこれから重くのしかかるのだ。ただただ、自分の好きないい作品を選べばよいというだけではなくて、売る(=たくさんの人に読んでもらう)ことも考えて選ぶ。

これまでとは違う「さわベス2017」

二〇一六年は「さわベス2017」の発表の日を、話題となった「文庫X開き」(隠していた文庫Xの書名を公表するイベント)に併せ、これまで以上に「さわベス」の認知度を上げることを目標においた。そのためには「ストーリー作り」と「仕込み」が必要なのである。

（上）（下）歴代のさわベス受賞作を大々的にパネルで紹介するフェザン店

「ストーリー作り」に関しては、さわや書店で本を売る際の根幹に関わる部分なので、おいそれとは明かせないが「仕込み」とは次のようなことだ。

　受賞作を出す出版社に対して「さわベス」を受賞した際、さわや書店オリジナルの帯を作成してもらえるか、また受賞作品の必要在庫数（今回は三〇〇冊）の出荷が可能か、さらには受賞した著者の講演会の実施および日程調整などである。

　これらを一二月九日の開催日に、間に合わせなければならない。青写真通りに事が運んだとして、著者の講演会が開催可となった時の日程調整のことを考えると、年に一度の戦いの日＝「さわベス」の決定日を待っていては間に合わない。そう判断した僕は、「ええい、ままよ」とフライングで内定（＝出版社への受賞告知）を伝えた。戦いの一週間ほど前、一一月中旬のことである。つまり、「さわベス」の戦い当日には、すでに仕込みを終えていたのである。あとは背水の陣を敷き、死ぬ気で一位を取りに行くという不退転の覚悟だけを胸に、白装束でもって会に望んでいたのだった。

　決意を持って臨んだその戦いで、裂帛《れっぱく》の気合とともに繰り出した正面突破作戦は効果的だった。開口一番「今年はこれ以外に考えられない。なぜなら……」と昨年の実売数を引き合いに出し、今年僕が推すこの作品でなければ、昨年の数字を超えられない旨を熱く論じた。その場にいた長江くんが賛成の意を表し、長老こと大池隆上盛岡店店長（当時）が「じゃあ、それで」という決定的な一言を放った瞬間、僕は戦いに勝った。

「さわベス２０１７」の一位作品に、柚月裕子さんの『慈雨』（集英社）が決定した瞬間だった。

「去った過ち＝過去」を正そうともがく男に降りそそぐ、慈しみの雨の物語である『慈雨』。主人公の神場は元刑事、それもいわゆる「僻地」の駐在所で働いた経験を持つ、叩き上げの刑事である。定年までの四二年間に及ぶ警察官人生の中で、神場には家族にも言えないある後悔を抱えていた。その心のうちの後悔と向き合うため、退職してから妻とともに念願のお遍路巡りを始めるのだが、その巡礼の最中に、神場の後悔のもととなった事件と、非常に似かよった手口の事件が発生する。直感的に同一犯ではないかとの疑念が浮かんだ神場は、古巣の警察署にいまも勤める元部下・緒方と連絡を取る、という内容。

『慈雨』柚月裕子（集英社）

後述するが「さわベス２０１７」一位を本作に決めた理由の一つには、一二月九日に予定された「文庫X開き」とコラボしたいという思惑もあった。居酒屋へと流れ、二位以下に朝から考えていた自分好みの作品を入れようと、さらなる熱弁を奮う。最終的に例年通り酒に飲まれて、日付が変わる頃に店を出ると、外気は酔いがさめるほどに冷え込んでいた。それもそのはずである。日本列島を寒波がつつみ込み、都心ではこの日、観測史上はじめて「一一月の積雪」を記録したのだった。

さわや書店の〝長い一日〟

そして迎えた一二月九日、「さわベス2017」と「文庫X開き」の合同記者会見&トークショー開催の日の朝。青みがかった薄墨の街並みに弱い光が射してゆく。世界が色づき始めるなかにあって、道路わきの日の当たらない場所には前日に積もった白い雪が、まだ闇をまとっていた。「クウォークウォー」と下手なトランペットのような鳴き声とともに、頭上を四羽の白鳥が南へと飛んで行く。どんよりとしながら、変に明るい空から「あめゆじゅ」が落ちてきて昼前に雨に変わった。

午前中に通常業務をこなそうとするが、ほとんど終えられぬまま会場の下見へと向かう。全体の運営統括的な立場の田口さんと「文庫X開き」関連のイベント担当の長江くん、新潮社の営業担当松村茜さんと一緒に早めの昼食を取りながら、最終打ち合わせをする。食後、田口さんは茶菓の買い出し、長江くんと僕はイベント会場で販売する書籍の搬入、松村さんは文庫Xの著者である清水潔さんを出迎えに改札へと、それぞれ別行動となった。

インタビュー兼記者会見の会場となる駅ビル内の会議室へと向かう。マスコミ約三〇社を集めて行われる記者会見の前に、一三時から各社の単独著者インタビューを入れていた。当日、長江くんは清水さんとともに一七時三〇分の記者会見に臨み、一八時三〇分から始まる清水さんのトークショーの相手方を務めることもあって、清水さんに張り付きで動くことになっていた。一方、僕は柚月裕子さんのアテンド係である。各メディアの取材対応の後、サイン本を作成していただいて、一七時から記者会見場において「さわベス」の認知度も上げてしまおうとの目論見が、マスコミの方々に受け入れられるかどうか。考えただけで心臓が口から飛び出しそうだった。

一三時に清水さんの取材が始まる。一三時五分の新幹線で盛岡に到着した柚月さんを出迎えに改札へと向かうと、はたしてちょうど改札を出てくるところだった。一二月の頭に「盛岡文士劇」に出演した柚月さんが、通し稽古の際にお店に寄ってくださったのは一〇日ほど前のことだ。岩手ゆかりの作家や文化人が出演し、毎年大人気となるお芝居「盛岡文士劇」。今年初参加の柚月さんは、舞台を数日後に控えた緊張のさなかに、編集さんを通じて「さわベス」受賞の打診を快諾くださり、お店へと足を運んでくださったのだった。その時に初対面の挨拶はすませていたので、挨拶もそこそこに控室へと向かい一三時三〇分からのインタビューに備える。

柚月さんはとてもお綺麗な方だ。そして失礼を承知で言わせていただければ天然である。半日ご一緒させていただいて、そう感じた。なんとなくそれとわかっていただけるエピソードを三つあげる。

・平野啓一郎さんと文士劇で一緒になったのに『マチネの終わりに』へのサインを本人に頼めず、さわや書店フェザン店にあったサイン本を購入した。
・文士劇において平野さんと夫婦役であったのだが、コンタクトを入れてなくてよかった。顔がよく見えていたらドキドキしたと思うので。
・新帯に推薦文を書いてくださった松本大介さんのお姿が見えないけど、今日はいらっしゃらないのかしら（三時間前から一緒にいました）。

最後の一つは、僕の存在感のなさなのだが「それ僕です」と答えると、「ごめんなさい。わたし本当に人の顔を覚えられなくて」と焦っていらっしゃった。「松本さんのことは店長さんとして記憶していたので、本当に失礼しました」「いえいえ。僕は店長になれない星の下に生まれ、万年次長なのですよ」とやり取りが続く。その後、僕の宛名入りサイン本を作成してくれた時、茶目っ気たっぷりに「松本大介（私のなかでは店長）様へ」と書いてくれた。作品はもちろんだが、その人柄にもすっかり魅了されてしまった。

しかし取材中、自作について語る時にはその様相は一変する。もちろん当然のことなのだが、作品については本当に真摯に胸中の想いを語る。なかでも印象的だったのは岩手日報社の志田記者が「受け継ぐ」というキーワードを用いた時のことだ。日本推理作家協会賞を受賞し、直木賞の候補作にもなった『孤狼の血』（角川文庫）では、ヤクザとの癒着を噂される主人公の悪徳刑事が自分の後継として、若い刑事へとあるノートを受け継がせるという記述がある。かたや『慈雨』においても同様に、古参から若手刑事へと受け継がせる志が重要なテーマとして描かれている。二作品を横断し、作家の深層に切り込む鋭い質問だった。引き合いに出された柚月さんはというと、しばし逡巡した後こう答えたのだった。

「受け継ぐということを考えた時、教える側、受け継がせる側があれもこれもと受け継いでもらいたいことを示したとしても、それは受け継ぐという行為の本質ではない」
「教えられる側、受け手側の人間が受け継ぐことを享受してその身の内に残ったもの、伝えていくものを決めるのではないか」
「そうして残ったものだけが受け継がれてゆく価値があるものだと思うし、受け継ぐべきもの、受け継ぐという行為そのものではないでしょうか」

この言葉を傍らで聞かせていただいた時、作家の物事に対する考え方と深い洞察を垣間見たような気がした。『慈雨』と照らし合わせながら考えると、雨が降っているという状態に定義づけをするのは人だ。その人がどのような心理状態にあるかによって、降っている雨に対する捉え方はまったく異なるものとなる。霖雨、驟雨、五月雨、そして慈雨というように。神場に降りそそぐ慈しみの雨は、長い時間苦しみを抱えた彼の「心の移ろい」を一語に集約した素晴らしいタイトルだ。柚月さんの言葉から、僕は外の雨へと思いを馳せた。

記者会見

その後、僕は記者会見へと臨んだ。マスコミのお目当ては「文庫X開き」のほうであろう。しかし、そんなこと構うもんかと「さわベスの発表にもお付き合いください」と言いおいてから、ランキングを読み上げる。彼らマスコミにとっては時雨でも、僕にとっては慈雨なのだ。柚月さんの言葉が僕に勇気を与える。

固い空気のなか、柚月さんと残念ながら来られなかった「さわベス2017」文庫編一位『逆襲、にっぽんの明るい奥さま』(小学館)の著者・夏石鈴子さんの代理出席者へ、正賞である「さわや書店」のロゴが入ったエプロンを手渡した。その空気を変えたのは夏石さんの手紙だった。つい先日亡くした元旦那さんへ、問いかけるようにして感謝の言葉が綴られている。喜びと悲しみが入り混じった手紙に会場の誰もが胸を衝かれたようだった。

続いて、柚月さんの受賞の言葉の後、記者質問へと移ったが質問がなかなか出ない。そん

「さわベス2017」の記者会見で受賞作を発表する著者

ななか、岩手めんこいテレビの記者の方がいくつか質問をしてくれたのが、とても有り難かった。しわぶき一つ聞こえない空間で、この後の清水さんと長江くんのほうは質問攻めなのだろうなと思っていたが、そちらもあまり質問が出なかったという。

　記者会見を終えて安堵していると、新潮社の松村さんが近づいて来たので「あんまり質問出なかったですよね」と水を向けると、前もって設けられた各社のインタビューにおいて聞きたいことは聞いてしまったのではないかとの見解だった。なるほど。僕が勝手に「さわベスの記者会見は添え物である」と思い込んでいただけだったのだ。外に出ると雨は上がっていて、まるで小説のようだなと少し思った。

以上が、私から見た「さわベス2017」のすべてである。さわや書店主催の「文庫X開き」も僕が勝手に設定した成功の線引きの、はるか上をゆく素晴らしい出来だった。無料のイベントとしては、ものすごく楽しめるものだったのではないかと自負している。

最後に自負、じゃなくて『慈雨』について。

もちろん事件の謎解きの部分においても読者を飽きさせることはないが、この作品の本質は重厚な人間ドラマにある。主人公の神場については先に書いたとおりだが、妻である香代子が実に魅力的に書かれているから夫婦の物語としても読めるし、娘の幸知との関係に着目するならばあたたかい家族ドラマともなる。そして何より、この「文庫X開き」の日にさわベスの発表をぶつけたことには理由がある。

柚月さんご本人に確認を取ったので間違いないのだが、『慈雨』の元となった事件は「文庫X」こと『殺人犯はそこにいる』（新潮文庫）で取り上げられた足利事件を題材に書かれているのだ。つまり、神場の胸のうちに後悔をもたらすに至った事件は、実際に起こった足利事件に着想を得て書かれているのだった。

ジャンルは違えども、二つの作品はその始まりを同じくするのである。いわゆる異体同心というやつだ。勘がよい未読の方であれば『慈雨』という物語がその後、どのような展開に

さわベス受賞後、大々代的に展開される『慈雨』

至るのか予想がつくかもしれない。しかし『慈雨』はきっと、その予想の上を行くと思う。足利事件自体はいまだ真犯人が逮捕されていないが、『慈雨』の結末では……おっと、それは読んでからのお楽しみである。

発表当日二〇一六年一二月九日のトークショーから「さわや書店限定帯」で販売を始めた『慈雨』は、約一年を過ぎた二〇一八年一月現在までで三二〇冊売れている。この数字を多いと思うか少ないと思うか、その定義づけをするのはあなたである。

(※)「さわベス」は、毎年一二月に前年一二月から当年一一月に出版された書籍を「単行本」と「文庫」に分け、ノンジャンルのベスト10を決めるさわや書店のオリジナルの文芸賞。
これまでの「さわベス」結果一覧は→ http://books-sawaya.co.jp/sawabes/

第三章

盛岡で本屋として働くこと

1　激変する盛岡の書店地図

大店法から大店立地法へ

さわや書店のことを、僕がそれと認識したのは一九歳の頃だ。一九九六年、いまや永世七冠の羽生善治が、史上初の七冠を達成したのがその年の二月だった。それまで盛岡市の中心市街地に本店を構えるさわや書店と、僕の人生は交わることはなかった。

さわや書店は一九四七年に創業し、岩手県内を中心に現在一一店舗ある。しかし、残念ながら僕の幼少期の活動範囲内に、さわや書店は存在していなかったのだ。

小学校時代の一九八〇年代、世の中は右肩上がりの成長を続けていた。電気機器を小売店に販売する会社に勤めていた父は、ボーナスが入ると万札が入った分厚い封筒を持って帰ってきた。当時はすでに、銀行口座への振込が一般的だったから、わざわざお金を下ろして帰ってきていたのかもしれない。その厚みは封筒が縦に立つほどだった。

一九七四年に施行されたいわゆる大店法（大規模小売店舗法）が、二〇〇〇年に成立した大店立地法（大規模小売店舗立地法）に取って代わられる前の時代のこと。現在、郊外に立ち並ぶ大規模な売り場面積を有する商業施設は、原則として出店が叶わなかった。

中小の小売業にまだまだ活気があって、近くの商店街には家族経営の店がそこかしこに存在していた。スーパーマーケットも町内ごとに出店していて、消費者それぞれの生活圏に則して商売をしていた。冷蔵ケースを、「どこそこの店に販売した」と語る父の口調は、いつも誇らしげだった。徒歩圏内で各人の暮らしが成り立っていた。懐しき昭和のおわり。

まだまだ幼なかった僕の活動範囲内にも、たくさんの学びと発見があった。近所の「むらかみ」というスーパーマーケットに買い物に行き、ほんの数分の間に自転車を盗まれた。夕方になると「むらかみ」のとなりの掘っ立て小屋のような焼鳥屋に、大人たちが吸い込まれていくことが不思議だった。「教育センター」という名の、古びて使われなくなった施設に冒険と称し、大勢で忍び込んで近所の人に通報され、脱出した後にパトカーが何台も来たのを物陰からみて青くなったこともあった。道路に即席のジャンプ台を作って、自転車で飛び越えて遊んでいたら、転んで足を骨折したこともあった。恥ずかしき昭和のおわり。

小学校高学年ともなると、野球が得意なやつ、サッカーが得意なやつ、ドッジボールが得意なやつと、それぞれの得意な分野が明確になってゆく。勉強よりもスポーツの出来、不出来によってクラス内の序列は決まった。僕はというと、どの球技でも自分よりうまいやつがいて、だからといって、そいつに勝つために死ぬ気で努力をするような根性も持ち合わせてはいなかった。努力は報われると割合みんな信じていて、それに伴う苦しみや根性や時間といったものを差し出すことで、未来は切り開かれるのだと教えられて育った。

最初の本屋体験「高松堂」

他人と競争すること、蹴落としてまで勝つことにこだわる執着心を、とてもかっこ悪いものと思っていた。努力が報われるまでの過程の不平等さに、どこか納得がいっていなかったというのもある。負けの美学という言葉を当時は知らなかったけど、いつも負け方にはこだわっていたように思う。自分のなかにある納得いく「かっこ悪くない負け」の基準を達成したら、それは引き分けだと考えていた。周囲には、諦めのよい扱いやすい子に映っていたことだろう。努力することを巧みに避け、後を引かない負け方を身につけていった。

努力忌避。絶対他力。そんな貪欲に勝利を目指さないという自分のスタンスを肯定するために、本が大きな役割を果たしたことは否めない。本を読み、解釈することには幅があり、白黒つけることも正解もない。読書によって見識が広がるにつれ、負けた時の言い訳のバリエーションは増えていった。

公園での野球やサッカーが終わると、みんなで本屋に行くことが多かった。家の近くには「高松堂」という本屋さんがあって、「週刊少年ジャンプ」や漫画を立ち読みしながら、暮れなずむ一日を惜しんだ。

毎月一五日の「コロコロコミック」が出る日を指折り数え、その日だけは学校から帰るとすぐに、こづかいを握りしめて高松堂へと走る。三〇坪ほどの小さな本屋には、レジカウンターの椅子にいつもナチュラルパンチパーマのおじさんが座っていた。レジを打つ時の声が特徴的で、頭から抜ける高い声は、僕らのモノマネの格好の餌食だった。子どもたちが大勢店にやってきて騒いでも、まったく注意を向けない浮世離れした高松堂のおじさん。

おじさんは切手収集が趣味らしく、レジの脇でもたくさんの切手を販売していた。ある時、切手ブームが僕らにも訪れて高松堂に買いに行くと、「こっちのほうがいいやつだよ」と教えてくれた。おじさんはいま、どうしているだろう。高松堂は思い出のなかにしか存在しない。だいぶ前に、ひっそりと閉店してしまった。僕の本屋さんの原風景である。

中学に上がると、他者との違いを演出するために「週刊少年ジャンプ」から「週刊少年マガジン」へと愛読書を変えた。「激烈バカ」という四コマ漫画によって、不条理の世界を教えられ、人と同じ土俵で戦わなければそもそも負けることはないのだという、当たり前の理屈を知ったのもこの頃である。

高校受験の時期を迎えると、週に何回か塾に通ったが、勉強も競争であると捉えていたから気乗りはしない。授業を終えた帰り道、少しだけ広くなった生活圏内にある、「BOOKS　ブレイン」という本屋さんに寄ることが楽しみだっだ。暗がりに光る本屋は、なぜだか僕を安心させた。

さわや書店に入ってから聞いた話だが、いま一緒に働いている八つ年上の社員、竹内敦さんは当時、この「BOOKS ブレイン」でアルバイトをしていたらしい。知己となる以前に、すれ違っていたかもしれないという事実は、運命と縁とを感じさせる。余談だが、田口さんと僕の姉は同じ誕生日で、田口さんの娘さんと僕の息子も同じ誕生日だ。さわや書店で働いているスタッフにも、同一の誕生日の組み合わせが複数いる。日本の人口を単純に三六五日で割ると、同一の誕生日の人は三〇万人ほどいることになるが、限られたユニットのなかに、同じ誕生日の組み合わせが複数いる状況は結構まれな気がする。多分にオカルト的だが、前世か何かで浅からぬ因縁があったのかなと不思議な気持ちになる。

本を介してさわや書店に集まった僕ら。本屋に勤める人間というのは、本に引き寄せられて本屋に集まるのだと思っていたが、もっと得体のしれない大きな力が作用しているのかもしれない。

酔話のついでに、竹内さんにどうして「BOOKS ブレイン」を辞めて、さわや書店に入ったのかと訊ねたところ、当時の店長が売上金とともに出奔したからだとか言っていた。真偽のほどは定かではない。もしそれが事実だとしたら、後に竹内さんを活躍させる伏線となるのだが、長くなるのでここでは書かない。——本人に会う機会があれば聞いてみて欲しい。

さわや書店ではじめての買いもの

高校に入学すると行動範囲は一気に広がった。運動部に所属したこともあって、本屋には教科書を買いに行く時ぐらいしか行かなくなっていた。盛岡の公立高校の教科書は「東山堂」という老舗書店で扱われていて、年に一回、盛岡の市街地へと自転車を漕いで買いに行った。それ以外は、ほとんど本屋には寄りつかなかった。本を読むことなんて、年に一度感想文を提出する時に仕方なく読むぐらいのものである。購入にいたっては、年末年始にマンガ本をまとめて買いに行くという感じだった。

そんな僕がはじめて「さわや書店」に足を踏み入れたのは、磨きをかけた不努力が実り、めでたく浪人生となった頃だ。とはいえ参考書を買うわけではなく、当時人気絶頂だった広末涼子の写真集『R』と『H』を買いに行った時のことである。盛岡の本屋を何店舗か回ったのだったが、どこの書店に行ってもヒロスエの写真集は売り切れだった。

畜生。そういえば中心市街地に「さわやか書店」があったな。ダメもとで行ってみるかとハンドルを大通へと向け、欲望のボルテージとともにペダルの回転数をあげた。到着して店に入ると、他店では影も形もなかったブツが、さわや書店本店にはうず高く積み上げられていたのだった。

当時の僕は出版業界について何も知らなかった。だから、他の店は売れ行きのよさから在庫がなく、さわや書店は売れ残っていたのだという認識でいた。だが、入社してその考えは誤りだったと知る。さわや書店は話題になることを見越して、しっかりと数多く仕入れていたのだ。入口すぐの特設台にヒロスエの写真集だけが置いてあったのは、その「仕入れ力」を誇示する、いわゆる示威行動であったわけだ。

目的のブツを無事購入して、もはや頭が欲望にまみれた僕に、さわや書店本店の他の売り場は目に入らなかった。当然、売り場には伊藤清彦・元さわや書店本店店長がいたはずで、欲望の権化から一瞬でも真人間へと戻っていたなら、もし店の奥のほうへ一歩でも足を踏み出していたなら、僕はもっと若い時に「本」の魅力に取りつかれていたかもしれない。仮にそうなっていたなら、間違いなくその年の大学受験にも失敗していたことだろう。

第一書店と東山堂ブックセンター

このように、さわや書店に入社するまで生粋の「本屋素人」だった僕は、盛岡の書店事情などもちろん知る由もなかったのだが、入社する直前の二〇〇一年二月まで盛岡市大通には三つの本屋があった。

さわや書店本店、第一書店、東山堂ブックセンターである。

さわや書店本店のすぐ目の前、盛岡で一番地価が高い場所にあった第一書店は、学習参考書や人文書が充実していて一番「格」が高い店だった。一階、二階を合わせたフロア面積は一八〇坪。当時、第一書店に通っていた常連のお客さんに話を聞くと、盛岡の「知」を育ててきたのは間違いなく第一書店だという。高校生の時に一、二度、足を踏み入れた記憶はあるが、正直にいって雰囲気以外あまり覚えていない。実際に棚を前にして何かを感じるほど、僕は本の世界のことを分かっていなかった。ただ時を経て、名古屋にある「ちくさ正文館」にお邪魔した時、なんとも言えない懐かしさを感じた。その既視感のようなものは、僕のなかの第一書店の空気感に似ていたからだと後になって気がついた。

当時の第一書店には、現在さわや書店で一緒に働いている田口さんが勤めており、伊藤清彦店長と読んだ本、これから売る本について夜な夜な語り合っていたという。そんな話を、田口さんがさわや書店に入社した二〇〇八年に聞いた。田口さんが第一書店で作っていた棚の前で、何も感じ取れなかった僕。はるか遠くに見えるその背中を、追いかけていこうと決意しつつ、少し悔しさを感じたことを覚えている。

向かい合う二店から、一五〇メートルほど離れた岩手公園の石垣の近くには、東山堂ブックセンターがあった。二階のワンフロアで四〇〇坪の売り場である。当時としてはとても大きな店だった。町内の小さな本屋で育った僕には、豊富な在庫に圧倒された印象しかない。「本屋素人」だった時のことを思い出しながら、この文章を書いているのだが、こうしてみると書店の「印象」というのはとても大事なのだと思う。売り場が大きければ大きいほど、お客さんは細部への関心を失うものだ。購買意欲を掻き立てるまでの「集中力」をいかに持続させるか。力点を意識して店を作らないと、のっぺりとした印象の残らない店になってしまう。申し訳ないけれど、僕の記憶のなかにある東山堂ブックセンターは、コミック売り場が広かったということと、レジ前に郷土関係書が置いてあった程度のものである。第一書店に続き、翌二〇〇二年の二月に閉店した。

大通に残った一六〇坪のさわや書店本店。三国志のように互いに均衡を保っていた盛岡の中心市街地の本屋のうち二店舗が相次いで閉店したのは、二〇〇〇年に施行された前述の「大店立地法」と無関係ではない。

大規模商業施設の規模制限を目的とした「大店法」から、出店規模を問わない「大店立地法」への切り替えにともなって、盛岡の郊外にも主要道路沿いに商業施設が建ち始めた。広い駐車場が併設されて、中心市街地のように駐車料金がかからない大きくて綺麗な小売店。その登場により、中心市街地へと集まっていた人の流れが変わってしまった。決定的だったのは、二〇〇三年に大きなショッピングモールができたことだ。

パルモ店からフェザン店へ

ライバル店舗の相次ぐ撤退により、売り上げを伸ばしたさわや書店本店だったが、それも長くは続かなかった。大規模商業施設であるイオンモール盛岡内に全国チェーンの未来屋書店盛岡店が出店し、さわや書店本店の隣にあった独立店舗「さわや書店ＭＯＭＯ店」が打撃を受けた。絵本とコミックスを専門に扱う商品構成が、未来屋書店の客層、商品構成と被ったのだ。二〇〇四年にさわや書店初の郊外店となった「さわや書店上盛岡店」の開店を契機に、ＭＯＭＯ店の絵本売り場の大部分をそちらへと移したのだが、これは窮余の一策と言ってよい。売り場面積四〇坪のＭＯＭＯ店は、リニューアルを図るも売り上げは戻らず、あまり時をおかずに本店に吸収された。

しかし、さわや書店にとって幸運もあった。それは二〇〇五年に「さわや書店フェザン店」を開店できたことである。フェザン店の前身は「さわや書店パルモ店」といい、当時地下にあった在来線改札のすぐ脇に出店していた。その在来線改札を、新幹線改札と連結させて利便性を高める目的で、盛岡駅および盛岡駅ビルフェザンの改装の話が持ち上がったのだ。

パルモ店は、通勤、通学客に利用される絶好の立地で売り上げも相当なものだったから、一階への出店の話をいただいた時、リニューアルの期待よりも改札脇の立地を失う不安のほうが大きかった。いま振り返ればその危機感は、さわや書店フェザン店に来店する目的をいかにお客さんに持ってもらうかという店作りへの萌芽だったといえる。結果的にフェザン店はさわや書店の一番店となり、全国的にその名を知られるまでになった。もしも、フェザン店を出店できなかったら、いま株式会社さわや書店は存在していなかったかもしれない。

話を大通に戻す。当時の大通の書店の売り場面積の減少は、これまた全国チェーンのジュンク堂書店が、さわや書店本店のすぐ裏手に出店するという結果をもたらす。

二〇〇六年に七三〇坪で出店したジュンク堂書店には、ＭＯＭＯ店の元店長と、もう一人の社員がさわや書店を退社し、オープニングスタッフとして移籍した。市街地への出店はこれ以降なく、郊外に店舗を構える流れは止まらなくなる。

同年、盛岡駅から車で五分ほどの幹線道路沿いに大規模ショッピングモール、イオンモール盛岡南が開店して、そのなかに東山堂イオンモール盛岡南店が三三〇坪で開店した。絵本売り場にスペースを広く割き、ファミリー層向けの品揃えである。東山堂には横矢さんという本読みがおり、とくに岩手出身の新人作家の情報を仕入れるのが早い。

二〇一〇年には盛岡駅から車で一五分ほどの場所にあるエムズ書店が改装し、書籍の売り場を八五〇坪に増床した。この店のスタッフである天川さんは、元々さわや書店で働いており、コミックの返品率を一桁で推移させる魔術師である。緻密なデータとそれに頼りすぎない独自の感覚で、コミックの売り上げにおいても全国上位を誇る。

二〇一三年には盛岡蔦屋が開店した。一九二〇坪の売り場面積は、入口に立つと店の奥まで見渡せないほどの広さがある。真ん中にカフェがあり、それを囲むように雑貨、レンタルCD&DVD、ゲーム販売、中古本販売、そして本の売り場と配置している。この店の現店長の山本さんは、僕がさわや書店に入社した当時の先輩である。売り場面積が大きいのに、飽きさせない工夫を随所に施しているのは、さすがの一言である。

二〇一六年には、ショッピングモールの改装に伴って未来屋書店盛岡店が撤退。

二〇一七年三月には、さわや書店上盛岡店が閉店した。

村上謙三久

深夜のラジオっ子

——リスナー・ハガキ職人・構成作家

「深夜の馬鹿力」「ウンナンのANN」「コサキン」「オードリーのANN」……。ラジオの構成作家の証言をもとに、その裏側を語り尽くす！ ラジオがもっと好きになる。 81542-2 四六判（3月中旬刊）予価１７００円

内田貴

法学の誕生

——近代日本にとって「法」とは何であったか

日本の近代化の鍵は「法」にあった。西洋の法や法学という、きわめて異質な思考様式の受容に成功し、自前の法理論を作り上げた、明治の先人たちの知的苦闘を描く。 86726-1 四六判（3月下旬刊）予価２９００円

長谷川櫂

俳句の誕生

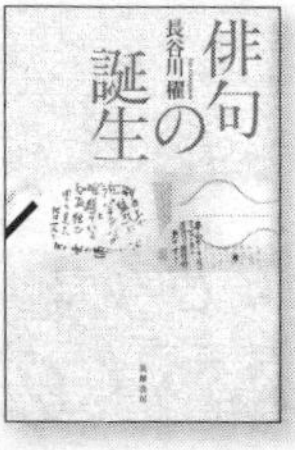

言葉によって失われた永遠の世界を探る

なぜ日本に俳句という短い詩が発生したのか。言葉以前の心の思いをどう言葉にのせてきたのか。芭蕉、一茶、谷川俊太郎、大岡信、そして楸邨。俳句論の決定版 82379-3 四六判（3月3日刊）2300円

6桁の数字はISBNコードです。頭に978-4-480をつけてご利用下さい。

佐藤幹夫

評伝 島成郎

――ブントから沖縄へ、心病む人びとのなかへ

ブント書記長として60年安保を主導した伝説の人物の、知られざるもうひとつの闘い。それは沖縄の精神医療の現場だった。圧倒的な取材をもとに描く書下ろし評伝。

81846-1　四六判（3月21日刊）２６００円

天沢退二郎／入沢康夫 監修　**栗原敦／杉浦静** 編

宮沢賢治コレクション10〈全10巻〉 **完結！**

10 文語詩稿・短歌

――詩V

全巻完結！　死の直前まで推敲を続けた「文語詩稿」五十篇、一百篇と「文語詩未定稿」、最初に選んだ表現形式で、その後の作品の原点といえる「短歌」を収録。

70630-0　四六判（3月中旬刊）２５００円

志賀健二郎

百貨店の展覧会

―― 昭和のみせもの 1945-1988

百貨店はかつて、時代を先取りする情報の発信基地だった。アートもニュースも事件も人物も取り上げ、カルチャーを牽引した百貨店展覧会の歴史から昭和を振り返る。

86458-1　Ａ５判（3月中旬刊）**予価2500円**

6桁の数字はISBNコードです。頭に978-4-480をつけてご利用下さい。

3月の新刊 ●8日発売 ちくま学芸文庫

政治の約束
ハンナ・アレント ジェローム・コーン編 高橋勇夫訳

われわれにとって「自由」とは何であるのか――。政治思想の起源から到達点までを追い、政治的経験の意味に根底から迫った、アレント思想の精髄。

09849-8
1400円

増補 ハーバーマス
中岡成文 ■コミュニケーション的行為

非理性的な力を脱する一方、人間疎外も強まった近代社会。その中で人間のコミュニケーションへの信頼を保とうとしたハーバーマスの思想に迫る。

09853-5
1300円

人間とはなにか 上
■脳が明かす「人間らしさ」の起源
マイケル・S・ガザニガ 柴田裕之訳

人間を人間たらしめているものとは何か? 脳科学界を長年牽引してきた著者が、最新の科学的成果を織り交ぜつつその核心に迫るスリリングな試み。

09851-1
1300円

人間とはなにか 下
■脳が明かす「人間らしさ」の起源
マイケル・S・ガザニガ 柴田裕之訳

人間の脳はほかの動物の脳といったい何が違うのか? 社会性、道徳、情動、芸術など多方面から「人間らしさ」の根源を問う。ガザニガ渾身の大著!

09852-8
1300円

現代語訳 三河物語
大久保彦左衛門 小林賢章訳

三河国松平郷の一豪族が徳川を名乗って天下を治めるまで、主君を裏切ることなく忠勤にはげんだ大久保家。その活躍と武士の生き方を誇らかに語る。

09844-3
1200円

ホームズと推理小説の時代
中尾真理

ホームズとともに誕生した推理小説。その歴史を黎明期から黄金期まで跡付け、隆盛の背景とその展開を豊富な基礎知識を交えながら展望する。

09847-4
1200円

6桁の数字はISBNコードです。頭に978-4-480をつけてご利用下さい。

二〇〇〇年以降、その数を増やし堅調に見えた郊外店舗も、近年では苦戦が続く。店舗の大型化と複合化が加速する一方で、本の売り上げは冊数、金額ともに年々減少している。時代とともに人も店舗も移り変わるが、そのなかにあっても変わらないものもある。盛岡の書店を時系列で振り返ってみて、そう思った。

上盛岡店閉店後、「すごく好きだったのに、どうして閉店しちゃったの?」というお言葉を、店先で何度もかけていただいた。それに対して僕は答える言葉を持たなかった。本屋に限らず、小売店は裏側にたくさんの事情を抱えている。ただ、それを表に出してしまったらおしまいなのだ。裏の事情は、店先という表舞台にはおくびにも出してはいけない。表舞台で「さわや書店上盛岡店」を演じきり、そういうお言葉をいただくぐらい愛されたということには胸を張っていい。

移ろう時のなかにあって変わらないもの。それは、お客さんの思い出と結びついた店舗の記憶である。僕の記憶のなかの高松堂が、いまもナチュラルパンチのおじさんとともに思い出されるように、さわや書店上盛岡店の愛された売り場のように、たとえば今日、いまこの瞬間の売り場が、誰かの記憶に一生残り続けるかもしれない。そう考えると、日々手を抜けないなと身が引き締まる。

いま、そして、これから。さわや書店を訪れる人々の記憶の片隅にでも、自分の作った売り場と、売り場を作った自分が少しでも残ってくれたらいいなと、最近そんなことを考える。

2　盛岡で一〇〇回続く読書会

「リーラボいわて」という読書会

とても印象に残る夜を過ごした。

第二章でも触れたが、盛岡で月に一回開催される「リーラボいわて」という読書会がある。その一〇〇回の節目を記念して開かれた集まりに参加した時のことだ。

普段は閉店まで働くシフトが多いが、その日は一〇〇回記念に合わせ、前々から早番のシフトになるように調整してもらっていた。仕事を早めに切り上げて、夕方から開催場所へ向かおうということになった。空が明るいうちに仕事を終えたことが、今日が特別な日であることを物語っていた。朝方に降っていた雨は働いているうちに上がり、長江くんと一緒に他愛のない話をしながら、開催場所である「cafe BLUME」へと歩を運ぶ。

リーラボいわては、休日の朝に開催されることが多く、土日が忙しいフェザン店に勤務していると、なかなか参加できない。少し気後れする気持ちを抱えていたので、そのことを話題にすると長江くんからは、「僕よりはいいじゃないですかぁ」との答えが返ってきた。それもそうだと自然に頰が緩む。長江くんは、二〇一五年の秋に神奈川から岩手へと越してきた。リーラボいわてに参加したことはなく、一緒に行く僕以外に知己もない。ぶっつけ本番で会に臨むのだ。それというのも、行くはずだった田口さんが急用により行けなくなってしまい、当日ピンチヒッターとして白羽の矢が立ったからである。

しかし、その口調とは裏腹に、いつもの飄々とした態度を崩さない。長江くんに緊張の色は見られなかった。

開始時間の一〇分ほど前に店につくと、二五名の定員のうち八割方の席が埋まっていた。入口の右手に設えられた受付で、小笠原康人さん（以下おがっちさん）と奥さんの純子さんに「おめでとう」と伝える。このおがっちさん夫妻が、リーラボいわての主催者にして本日の主役だ。開始時間も迫っていたので、挨拶もそこそこに促されてクジを引く。そのクジを手に長江くんとともに空いていた席に座った。

八人掛けのテーブルについてほどなく、静かに会の開始が告げられた。前半は「一〇〇回分振り返りトーク」と題して、過去の読書会の歴史を振り返りつつ、おがっちさん夫妻へ質問を挟む形式で進められた。司会は、ご自身も読書会に参加している、プロの司会者の女性が快諾してくれたらしい。くだけた雰囲気のなか質問が重ねられていった。

盛岡市出身のおがっちさんは、元サッカー日本代表の岩本輝雄似の四〇代。読書会を始めたきっかけは、東京に赴任した際に「リーディングラボ」という会に参加したことによる。

いつもの朝より少し早く家を出て、出社までの時間を自己の研鑽にあてるというコンセプトのもと、都内の各所で開催されていたこの読書朝食会を、おがっちさんはとても有意義に感じたそうだ。赴任期間を終えて岩手へと帰る時、岩手でもこの習慣を続けたいと考えたおがっちさんは、似たような集まりがないか調べたというが、見つからなかったらしい。それならば自分でやってみようじゃないかと、奥さんの純子さんに相談した。賛同を得て主催者となることを決めたおがっちさんは、本家の主催者へと連絡して許可を取り、「のれん分け」のような形でリーラボいわてを始めることとなった。

読書会の形式を簡単に説明すると、自分が読んでタメになった本を、他の参加者の前で内容を踏まえながらおすすめし、その後の数分間で当該本について皆で語り合うというもの。おがっちさん曰く「自分が知らなかった本を要点とともに教えてもらい、仕事に活用できる新たな視点を得られ、そして何より会を通じて広がる人と人とのつながりが面白く、続けるモチベーションとなった」と。

相談された側の純子さんは、説明されてもイメージが湧かなかったらしい。当時の気持ちを問われた純子さんは、「初めに相談された時は、この人は何を言っているんだろうと思った」「おかしくなったんじゃないかと疑った」と即答し、会場が笑いに包まれる。

それでも取りあえず、やってみなければ始まらないと、第一回目の「リーラボいわて」を開催したのが、二〇〇九年六月六日。記念すべき第一回は、お試しの意味合いも込め、おがっちさん、純子さん、純子さんの職場の先輩の三人で、互いに本を紹介し合って終了となったという。第二回目も知人が集まるだけに終わった。

しかし、リーラボいわては徐々に広がりをみせ始める。会の様子を綴っていたブログから、雰囲気のよさを感じたという参加者が現れ始めたのだ。毎回会場を変えるというアイディアも功を奏したのか、参加者は倍々で増えていった。手ごたえを感じたおがっちさんは、さらなるテコ入れ策としてゲストを招くことを思いつく。

第一〇回の節目に、その案を実行することを決めたおがっちさんがゲスト出演の打診をしたのは、盛岡市内にある「さわや書店」だった。そこで働く胡散くさい書店員を、どうしてゲストに決めたのだろうか。そのゲストの名は「松本大介」という……えっ、オレ⁉　まさかの「代打オレ！」である。

こうした経緯でおがっちさんと知り合い、二〇一〇年一月三〇日、生まれてはじめてゲストとして招かれるという経験をした。結果は、特大のファールのあと三振……いや、なんとか振り逃げで次につなげたというところか。あの日から、おがっちさん夫妻との良いお付き合いは継続している。

司会の方の質問が、僕を現在へと引き戻す。

一番紹介された本は

印象に残った回を問われた純子さんは、ある年の一月の水曜日の朝、大雪が降った日に開催された会のことを挙げた。おがっちさんと純子さんしか参加者がおらず、お互いに本をすすめ合って終わった……「家でもよかった」という言葉に、会場がふたたび笑いに包まれる。それが原因というわけではないだろうが、その後、土日の午前中の開催が主流となってゆく。

三月に開催されたある回では、年度の変わり目に転勤することになった参加者が三名も出席し、お別れ会のようになってしまったこともあったという。その三名はその後、転勤した先の読書会に参加したり、おがっちさんのように自ら読書会を主催していると聞いて、会場から感嘆の声が上がった。

集計によると「リーラボいわて」で紹介された本は、全部で一七五五冊[※]。一番多く紹介された本は、それぞれ四回紹介された『永遠の0』百田尚樹、『モンスター』百田尚樹、『夢をかなえるゾウ』水野敬也の三冊で、一番紹介された作家は有川浩さんの一四回。一〇〇回分のデータ集計は、大変だったことだろう。

さわや書店から火がついて、全国に広がったといわれる『永遠の0』。作者の百田尚樹さんの作品はやはり人気だ。一番多く紹介された有川さんは、当日会場で同じテーブルになった方のなかにも、大ファンだと話す人が二人もいた。

もっとも参加回数の多い参加者は、ホストであるおがっちさん夫妻をのぞき、一〇〇回中四四回。ちなみに、おがっちさんは九八回、純子さんが九七回の出席で、会場からは「えーっ」と意外そうな声が上がる。それぞれの欠席理由は、出張や体調を崩したことによる。また、遠方からの参加者も多く、今回も関東から参加した方がいた。おがっち夫妻の人徳によるものだなと思う。

会の後半では、集まった参加者が自分のとっておきの一冊を持ち寄り、一分間その本についてプレゼンをして、紹介したその本を会の参加者の誰かにプレゼントするという「プレプレ大会」という企画で盛り上がった。おがっちさん夫妻がまえもって、参加者が何の本を紹介するか聞き、その本を購入して用意してくれていたのだ。二五名分の本の購入代金のことを考えると、ホストとして参加者をもてなそうという粋な姿勢に頭が下がる。

受付の際に引いたクジには、二つの番号が書かれていた。上の数字が、自分の本をプレゼンする順番の番号、下の数字が自分がもらうプレゼント本の当選番号である。

プレゼンが終わるごとにその紹介者が箱に手を入れ、1から25の番号が書かれたクジを引き、番号が読み上げられる。その時、下の番号が呼ばれたら、クジを引いた人が紹介した本をプレゼントされるという仕組みだ。一回ごとに、たったいま紹介された本が自分に当たるのではないかという期待と、自分の発表する順番が近づく不安とでドキドキする。

僕はプレゼンが11番、クジの当選番号は5番。長江くんは5番目に完璧なプレゼンを終え、

「リーラボいわて」にてプレゼンする著者

その後は緊張感のかけらもなく出された料理にパクつきながら、隣に座った最年少参加者である中二の女の子と楽しそうに話していた。その肝の太さをうらやましく思う。

プレゼンの順番が回って来た僕は、三球三振といっていいくらいのグダグダのプレゼンを終え、代打の役割を見事果たした長江くんと明暗を分けた。プレゼンは順序良く進むが、僕も長江くんもプレゼント本がなかなか当たらない。

参加者の一人が、田口さんの著作『まちの本屋』（ポプラ社）をプレゼンし始め、心のなかで「オレに当たるな。長江くんに当たれ」と祈るが、結果、どちらにも当たらなかった。その時、田口本は二人とも読んでいなかったから、当たったら腹をくくって読まなければならないところだった。危ない、危ない。長江くんの不運を願った胸の内を隠しながら、よかった、よかったとビールを注ぎあう。

僕は20番目くらいにプレゼンされた草野隆『百人一首の謎を解く』という新潮新書が当た

った。悪くない、いやむしろ喜ばしい結果だと充足感にみちる。一方、長江くんはというと、その時点でまだ当たっていなかった。そしてなんと、最後のプレゼンが終わっても長江くんの番号は呼ばれなかった。まさかの空くじかと思いきや、遅れてきてプレゼンの順番を飛ばされた参加者がおり、最後の最後にその人が紹介した『十歳のきみへ』という日野原重明さんの本が当たった。好みでない本が当たったであろう心中を慮り、慰めようと待ち構えていたら、隣の中二の女の子に、一緒に来ていたお母さんのプレゼン本、美輪明宏さんの『ああ正負の法則』が当たったことをチェックしていて、席に戻るやいなや交換の交渉を成立させる。延長に突入後、代打から二打席目が回って来た長江くんは、殊勲のサヨナラヒットを放ったのだった。

閑話休題。監督が……もとい、おがっちさんが行った挨拶。

この会がなければ出会えなかった人と、本を介して出会えたことに対する感謝。そして知り合った人が、この街にいることの心強さと嬉しさを感じるという言葉に、胸が熱くなる。

「こんな私でも一〇〇回も続けることができたのだから、皆さんも自分で何かを始めたいと思ったらまずは始めてみて、走りながら何か問題が出てきたら、その都度考えながら続けていって欲しい」

最後にそんな言葉で締めくくって、散会となった。

会の後、僕が参加表明のメールに書いた「二次会にも参加する気満々です」という言葉を覚えてくれていて、お疲れだろうに二軒目の店へと流れた。

「こんな私でも」さっき聞いた、おがっちさんの挨拶を思い出す。

いや、「こんなおがっちさんだから」だろう。

気づかいの人だから皆に好かれ、一〇〇回も続いたのだ。仲良く並んで前を歩く二人の背中を見ながら、伝えるべきは「おめでとう」ではなく「ありがとう」だよなとしみじみと思う。あらたまって言うのも照れくさく、揺れる二人の背中に向けてつぶやくように、夜の街の喧騒にまぎれさせるように謝意を伝えておいた。

さわや書店を育てる盛岡の風土

盛岡には、こんなに豊かな読書活動がある。おがっちさんは、盛岡にさわや書店があってくれてよかったと言ってくれるが、それは逆ではないだろうか。このような読書活動が行われる盛岡の人や文化に支えられることで、さわや書店は商売を続けてこられたのだ。お客さんに対して礼を尽くすあり方や、自分が知らないことを「知らない」と認めて学びの機会を逃さないようにする姿勢を、僕はこの読書会に参加することで教えられた。本屋は人によってつくられ、人は出会いによって成長する。

都心で開催されていた本家のリーディングラボは、一時の流行が収束に向かい、現在は活動自体が廃れていると、おがっちさんから聞いた。一方で岩手へと運ばれた読書会という名の苗は、しっかりと大地に根を張って、多くの実りをもたらしている。

このことは、真面目でおとなしく、粘り強く着実に事を為しとげるといった岩手県人の特性がよく表れているなと思う。いったん自分で受け入れると決めたものは、その後とことん応援する。その在り方は、当店のお客さんに接していても感じることだ。言い換えれば、その県民性がさわや書店に、数々のベストセラーを生み出させたともいえるだろう。

この夜、迎えた一つの区切りは、きっと通過点に過ぎない。「文庫X」を企画した長江くんが、この出会いによってうちの店にもたらすものに期待して、いまからワクワクしている。そんな期待を胸に目をやると、そこには中二の女の子のお母さんと親密な空気をつくる長江くんの姿があった……根無し草め。

（※）一〇〇回分の様々なランキングについては、http://ameblo.jp/realab-i/entry-12176701659.html
「リーラボいわて」開催日程や参加要項などの詳細については、http://ameblo.jp/realab-i/

3　人生を変えた一冊

本との出会い

「本」の、「物語」の魅力を知ったのはいつの頃だったろう。

僕の原初記憶は、絵本を片手にこぶし大の〈石〉を少し離れたところから凝視している映像から始まる。おそらく五歳くらいだと思う。前日、うちの庭に迷い込んだ犬がフンをした。それは記憶にある限りソフトボールくらいの、とても大きなものだった。僕と散歩をしようと庭先へと出てそのブツに遭遇した若かりし頃の母は、一瞬の動揺を見せた後、僕をその場に残して無言で家のなかへと入り、後を追おうとした僕が何歩も行かないうちに風のように前戻って来た。手には白い粉の入った袋を持って、駅伝のタスキを次走者に渡すかのように前のめりになりつつ、その中身をすべて目標へとぶちまけたのだった。目標とはもちろん僕ではなく、犬のフンである。

翌日、たまたま『みんなうんち』五味太郎（福音館書店）という絵本をながめていて、昨日の犬の〝うんち〟のことを思い出し、絵本を片手に庭へと出た。するとどうだろう。昨日たしかに存在した場所から犬のうんちは消え去り、かわりにこぶし大の〈石〉が置かれていたのだ。

　世の中の仕組みもあやふやで、現実と想像の境目すらあいまいな子ども時代のことである。くわえて、うんちに対して好意的なお年頃でもあった。そのブツをつぶさに観察すると、輪郭が昨日のうんちの形に瓜二つに感じられたのだった。いや、どっしり胡坐をかいたような佇まいも、少し愁いを帯びた面差しも、まさしく昨日のうんちそのものではないか。見れば見るほどその確信は深まり、「犬のフン＋白い粉＝うんち石」という図式が僕の頭のなかで成立した。だって、そんな不思議な事例は絵本のそこかしこに描かれていた。

　いや、昔話ならここで、その奇跡の石が発端となり、何だったらその石を崇め奉って、村の宝として子々孫々まで大事にするところだろう。村の宝＝犬糞石を守る家は、いつしか「犬神家」と呼ばれて代々栄えたが、一族は佐兵衛の死をきっかけに泥沼の相続争いを展開。そして湖面には、逆さまの状態で突き出た足が……。うん、どこかで読んだことがある。横道制止。

　なにせ昨日まで、犬のフンだった「うんち石」である。幼いながらも真実を見極めようと僕は彼（？）との時間を共有した。幾ばくか静寂の時が流れ、微妙な距離感を保ったまま互いの領域に踏み込めなかった僕らは、そのまま別れを選択し、存在を意識しつつも遠巻きに眺め合う関係に落ち着いた。臭い仲を解消した僕らの間に時は流れて、うんちを石に変える魔法の粉があるから、突然の腹痛に苛まれ「うんち」を漏らしても大丈夫という心の支えを得て、僕は伸び伸びと幼少時代を過ごしたのだった。

つまり何を言いたいかというと、大人になったいまでは体験できないような人智を超えた邂逅の時にも、僕の傍らには「本」があったということだ。その理由は簡単である。幼少期から小学校卒業までの期間、誕生日のプレゼントは例外なくすべて本だったからだ。

白い粉の使い手である母親は学生時代に理系であったという。そして特に国語が苦手だった。母はそのことをコンプレックスに思っていて、三歳上の姉と僕に対して本を読むことを奨励した。のちに僕は、食塩の濃度を求める問題でつまずいて数学に苦手意識を持つことになるのだが、「白い粉は固形物にかけるもので水に溶かすものではない」という先入観が影響していたのではないかと、訝しんでいる。

無限の選択肢にあふれた人生も、きっとこうして何かしらの偶発的な体験を積み重ねることで、狭まってゆくのかもしれない。

一〇代の頃の読書

小学校に入学すると、僕の読書熱はいよいよ高まったかというとそうでもなかった。親の転勤により、田んぼのど真ん中に位置する仙台市内の小学校に通うことになり、本とは無縁の自然児生活を送る。その当時、本はまだ与えられるものだった。なぜなら近くに本屋が一軒もなかったからだ。

そんな折、夏休みの前に学校の推薦図書を販売する催しがあった。母にねだって、はじめて自分で選んだ本のことはいまでも覚えている。プリントに書かれた十数冊のなかから僕が選んだのは、『おんぼろクッペ空をとぶ』（財団法人児童憲章愛の会）という本だった。新しい車を買った家族が、下取りに出す前の古い車に乗って空を飛ぶ（たしか夢オチ）という内容の本。自分で選んだことが嬉しくて、何度も何度も読んだ。盛岡に帰る車中でも読んで、車酔いで具合悪くなったほどだ。うちの車は残念ながら飛ばなかった。

中学生になって国語の成績が良かったのは、幼少期の読書量と無関係ではないだろう。それに気をよくして、三歳上の姉の部屋へと忍び込んでは本を物色。皆川ゆかさんの『ティー・パーティー』シリーズ（講談社X文庫ティーンズハート）など、こんな面白い本が世の中にあるのかと夢中で読んだ。高校時代は部活にあけくれ、ほとんど読書はしなかったが、自分より本読みの友人から教えてもらった京極夏彦だけは押さえていた。やはり国語の成績だけはよかった。読書好きにしてくれた母に感謝しなければならないだろう。そして大学進学時、学ぶ対象として興味があることは「文学」以外には考えられなかった。それは選択したというより、それしか手の内になかったという感覚である。

このように、自らすすんで隘路に迷い込んでいったような僕の人生だが、本を読み続けてよかったことは、人生を一変させるような著者と出会えたことだ。就職してから読んで影響を受けた作家、本田靖春さんや外山滋比古さんの名前は、方々で挙げさせてもらっているけれど、これまで人にあまり言っていない心に秘めたる作家が一人いる。

本に〈呼ばれる〉という体験

大学一年生の夏。二〇歳の誕生日を迎えて、表面的にはそれなりに充実していたと思う。一年の予備校生活のすえに都内の大学に入り、多くはないが友達もできた。何かが変わるのではないかと期待して金髪にもしたし、血迷ってピアスの穴もあけた。田舎モンだと覚られないようにファッションにも気を配った。だけど、まったく楽しくなかった。その当時、つねに自分に付きまとっていたのは、自分が何者であるのかという根本的な問いだった。

きっと何者でもありたくはなかったのだろう。他人との差異に一喜一憂する一方で、自分のやることとなすこと、そのすべてに価値を見いだせなかった。自分は無価値なのではないだろうか。そして次第に、自分が自分として存在すること自体に疑念を感じていった。

何かしらの行動を起こし、もたらされる結果に対して意味づけすることに疲れ、だったら何もしないほうがいい。いまの「この場所」がゴールであり、最高到達点であるような気がしてならなかった。これからの人生を傍観者として過ごす方法を本気で探して、見つけられず、あやうく自分探しの旅にでも出かけるところだった。いまいるこの場所から逃れられないならばと、毛嫌いしていたタバコに手を伸ばしたのも、ゆるやかな自殺のつもりだった。

それでも日々は変わらない。変わらない日々がつらい。周りを見れば、みんな楽しそうにしている。自分はそれに合わせていた。みんなが信じる価値観が正しいと、どうしてみんなは信じられるのか。そんな疑問を抱きながら、それでも枠組みからはみ出せない自分がいた。

当時の内面を書き連ねながら、通過儀礼のようなものだといまは思う。誰しもとは言わないまでも、多くの人が似たような思いを抱く時期があるだろう。だけど当時は切実な問いだった。空に果てがないように、この疑問はたどり着く答えを持たないままに広がり続けた。それまでの読書歴では、それらの気持ちに対する答えやヒントには出会わなかった。いや、僕が気づかなかっただけなのかもしれない。口当たりの良い、なぐさめにもならないような言葉ばかりが目につく。僕はそれらを疑い、こき下ろすことで人格が形成されてきたようなところがあった。

たとえば、当時のベストセラー『小さいことにくよくよするな！』リチャード・カールソン（サンマーク出版）の題名についている「！」の部分が気に食わない。くよくよしている人間に対して、どうして命令口調で追い打ちをかけているのかと、どうでもいいことに憤って自ら遠ざけていた。きっと僕みたいな、小さなことにこだわる人間が読むべき類の本だったろうに。

ある時、みぞおちのあたりに鈍い痛みが走った。しばらくすれば治るだろうと放っておいたら、痛みはどんどんずんずん増していく。二日経っても痛みがひかず、我慢しきれなくなって、近くの内科に行こうと思い至った。頭と身体は別物である。痛いのは嫌だ。

しかし内科へ向かおうにも、一歩ごとに痛みがひびいて、歩くことすらままならない。痛い。痛い。痛いと念仏のように唱えながら、いつのまにか(ゆっくりとした)自殺願望は、どうでもよくなってしまっていた。だって、痛いのは嫌なのだ。痛いなら死にたくない。脂汗をたらしながら、二〇〇メートルの道のりを一〇分ほどかけて、ようやくたどり着く。医者はろくに診察もせずに、問診だけで「神経性胃炎だね」と決めつけた。直接は関係がなさそうな対人関係にまで及んだ、痛くもない腹を探るようなその問診に(実際に腹は痛いのだけれど)、そんなわけはない、もっと重大な病気だから、いまに見ていろと腹の中で気炎を上げる。だが、その気概もむなしく処方された薬を飲むと、翌日に胃炎はあっさりと治った。

そんな無益な苦しみも積み重なって、体重が一五キロほど落ちた。霞を食う仙人ならぬ煙を吸う凡人の日々。大学の課題をこなす目的でふらりと入った古本屋で、僕は運命の一冊と出会う。その本は僕を待っていた。強烈な存在感を放つその本に導かれた感覚を、僕はいまもありありと思い出せる。後にも先にも「本に呼ばれた」体験は、あの時をおいて他にない。

人生を変えた一冊

その本のタイトルは色川武大『狂人日記』(講談社文芸文庫)という。

タイトルに引き寄せられ、手に取って読み始めた内容は、どんなポジティブな言葉よりも己を肯定してくれるものだった。『狂人日記』とはそのタイトルのとおり、自分を狂人だと認識している主人公が書いた日記文学であり、色川武大その人の経験をもとにしているといわれているが、僕には自分の未来が書いてあるように思えた。

本書で、主人公は現実と妄想を行き来しながら暮らしている。物語も終盤にさしかかって、病気を承知しながら同棲することを提案してくれた女性に去られ、主人公は妄想のなかで弟にこう語るのだ。

「人間という奴は、とことん、わかりあえないと思っちゃったよ。服装や言葉や生活様式や顔つきまで似てくれれば似るほどに、似ても似つかない小さな部分が目立ってきて、まずいことに、皆、その部分を主張して生きざるをえないものだから、お互いに不通になっちゃう」

（『狂人日記』講談社文芸文庫　二七二ページ）

この文章に出くわして、僕が抱いてきた感情が、生きるうえで切り離せない哀しみであることを知った。生まれ落ちて、自分の身体と精神で生きてきた、生きてこなければならなかった哀しさ。どうして「自分」でなければならなかったのか。できれば自分ではない他人になりたい、それが無理であるならせめてなりたい他人と深く交わりたいと思うのだけれど、同時に恐れから他人を遠ざけてしまう。その感情は自然発生的なもので、僕だけのものではなかったのだと教えてくれたのだった。
この弟とのやり取りは次の一文で結ばれる。

「俺も誰かの役に立ちたかったな。せっかく生まれてきたんだから」

平易な言葉で綴られた、人生の悲哀を凝縮したようなどこまでも優しい一文。人に対しての優しさは、ときに自分に対する刃になる。他人を守るためにとった行動が、自分を傷つけ少しずつ積み重なることで壊れてゆく。優しさを分け与えているのに、こんな矮小《わいしょう》な自分が他人を救えるとは思っていないから、誰かの癒しになっているなんて思わない。どこまでもすれ違うのが人生なのである。それは哀しいけれど本質として、いまも僕のなかにある。

当時を思い返しながら考える。五歳のあの日。うんち石との別れと、その後のすれ違いは必然だった。そもそも「うんち石」に対して僕は、本物のうんちが姿を変えたものだという誤解をしていたのだから。だけど幼少期の僕はきっと、母が白い粉をかけたことによって姿を変えることになってしまった「うんち石」の魔法を解いてあげたいと考えていたはずだ。僕が色川武大の優しさに触れて自己を取り戻したように、僕も僕の優しさで「うんち石」を、本物のうんちに戻してあげたかったのだ。決して触れはしなかっただろうが。

4　二〇〇八年の転機

二〇〇八年の二つの「あの日」

『船に乗れ！』藤谷治（小学館文庫）という小説が好きだ。

内容はあえて割愛するが、この本は自分のなかの「心のベストテン」最上位である。自分の読書については五章でも後述するが、本屋に勤めていると、読みたい本以外に「読まなければいけない本」に時間を割かなければならない。旬の時事ネタをテーマとする本など、お客さんに勧めていいか判断するための読書がこれにあたる。畢竟、もう一度味わいたい本は「いつか」を信じて後回しになる。

このタイトルの「船」とは、人生における新しいチャレンジを象徴するものだ。自分だけが乗る船ならば、乗船も出港も躊躇はしない。だが、会社という乗り合い船を定めた目的地まで運ぶことはまた、意味合いが異なる。乗り合い船ではそれぞれに役割がある。

船頭多くして船、山に上る。

金言ではないだろうか。さわや書店という小さな船でも、方向性を失わないためには「自分」の感情や思惑を押し殺すことが必要だった。頼れる同僚たちのサポートに徹しようと決めた「あの日」からこれまでの日々を、振り返ることが多くなった。はたして自分の判断は正しかったのだろうかと。

「あの日」の始まりは、それよりも少し時をさかのぼった「もう一つのあの日」に起因する。確信をもって先の先まで見通し、危機を事前に察知して、船に大きな釣果をもたらしてきた存在の喪失。背中を追いかけ続けた「船頭」伊藤清彦・元さわや書店本店店長を二〇〇八年一〇月に僕たちは失った。

ドラクロワが描いた「自由の女神」よろしく、皆を導く強烈な個性がいなくなった後、間をおかずに顕在化した諸問題に、僕たちは頭を抱えたまま右往左往していた。竹内敦、栗澤順一、田口幹人、そして僕。有志四人で声を掛け合い、集まってはみたものの堂々巡りの不毛な議論が続く。

当時のフェザン店には、本店の伊藤店長よりいくつか年齢が下の大池隆店長がいた。好々爺然とした雰囲気を纏い、皆に愛される人格者である。伊藤店長が去った後、しばらくは大池さんを旗振り役として伊藤店長の穴を埋めようと一丸となってやっていたが、いかんせん大池さんが就いていたフェザン店店長の業務は、多忙すぎた。さわや書店の旗艦店として盛岡駅ビル内に店を構え、売り上げに注意を払いながら人員の調整をし、店子として大家との交渉事もこなす。本屋なのに本を読む暇もない。紺屋の白袴を地でゆく忙しさだ。

会社全体のかじ取りとの両立はどう考えても無理な話で、組織図を見直す必要に迫られていた。一一の支店からなる「株式会社さわや書店」を把握して方向性を決めるには、全体を俯瞰する業務に重きを置かなければならないというのが、社員全員の一致した見解だった。

つまり、大池さんに求められた役割とは、船頭のそれである。店内の「売り場」に関わることは一部に止め、各支店の強みやコンセプトを把握したうえで、「株式会社さわや書店」として目的地をどこに定め、進むのかという決定をすることだ。もしそうなると、フェザン店の切り盛りは大池さんの仕事とは切り離して考える必要がある。現場において核となる世代の僕ら四人は、自主的に集まってこれからについての話し合いを持ったのだった。

苦戦する本店

本章の1節の通り、二〇〇〇年代の中頃は盛岡に大型チェーン店が進出したことによって、売り上げが急激に目減りした時期だった。一番あおりを食った本店は、最終的に売り上げの半分ほどを失った。コストカットや利益構造の改革によって純益を死守しようにも、その減り幅が大きすぎて焼け石に水である。この泥船に、これ以上乗っていても沈んでしまうだけだと、早々に下りてゆく先輩も何人かいたが、僕らはそろって残ることを決めた。

先を考えての行動ではない。僕らはまだ三〇代で、失敗しても正直ギリギリやり直しがきくだろうという打算も心のどこかにはあったかもしれない。だが、何よりも大きく心内を占

初の郊外店となった上盛岡店。残念ながら2017年閉店

めていたのは、僕らを引っ張り続けてくれた、いまはいない船頭の後ろ姿だった。一も二もなく残ることを決めた四人だったが、今後について語り合えば、語り合うほどに立ち現れる厳しい「現実」を前に、次第に口数も減っていった。

先に、さわや書店は一一店舗からなると書いたが、僕が入社した二〇〇一年から、その店舗数はほとんど増減がない。それは赤沢桂一郎社長が、スクラップ&ビルドを念頭において経営してきたからである。時代にそぐわなくなった不採算店舗は消え、代わりに新店舗を出店するということが幾度かあった。

一一店舗というとそれなりの数であるのに、身軽な立ち回りに思えるかもしれない。だがそれは、支店のほとんどがスーパーマーケットの一角に、わりあいひっそりと出店しているからだ。だからこそ成し得たフットワークの軽さであろう。

そのなかでフェザン店、本店および上盛岡店（二〇〇四年四月―二〇一七年三月）の三店舗は、合わせると売り上げの三分の二を占める主要店舗であった。僕ら四人は、それぞれが店の二番目の責任者（次長）の立場で、自分が担当する売り場の知識を深めてはいても、店舗の全体に目端を利かせるような立場、働き方をした経験はまだなかった。

竹内さんと田口さんが、大池さんの下でフェザン店の売り上げを伸ばす一方、栗澤さんと僕は、伊藤天照大神がお隠れになった後の、太陽光の差さない本店でジメジメとした心持ちのまま、万年梅雨がごとき日々を過ごしていた。すがるような思いで宴会を催せども、天岩戸は開かなかった。そもそも開く前からそこには誰も隠れてはいなかったのだから、ただただ酒を流し込んで宴会は終わった。栗澤さんがいまでも夜な夜な深酒を繰り返すのは、当時の名残であると僕は踏んでいる。

そんなふうに明と暗がくっきりと分かれていた僕ら四人が、店の今後を考えながら問題点を指摘し合う。解決策への提言について沈黙の時間が増えてくると、話はおのずと主が不在の上盛岡店をどうすべきかということになった。

課題だった上盛岡店

「盛岡の姜尚中」との異名を持つ栗澤さんは、その日も囁くような声色で見解を述べた。曰く「この中の誰かが上盛岡店で働くべきではないか」と。半分ぐらい聞き取れなかったが、確かにそのようなことを言った。

さわや書店本店の二階フロアで専門書を担当していた栗澤さんは、一階フロアで一般書を担当する僕とは業務が明確に分かれていた。ゆえに分業はしやすかったのだが、近隣のジュンク堂書店の豊富な品揃えによって、もっとも打撃を被ったのが二階フロアだった。それは後に、栗澤さんの運命を大きく変えてゆくことになるのだが、もう少し先で述べる。

栗澤さんの「この中の誰かが……」という、ミステリ小説の探偵役のような指摘は、本店組の僕らに向けたものではなく、フェザン店組二人に対して暗に決断を迫る発言だった。つまりは、明確に業務の線引きがされていないフェザン店組の、竹内さんと田口さんのどちらかが上盛岡店で働くべきではないか、そういう提案であった。

二〇〇四年、当時の流行の波に乗り遅れまいと、さわや書店初の「郊外店」と位置付けられた上盛岡店。その近くには、さわや書店と同じく地場の書店チェーンである東山堂の郊外店があった。

直線距離にしておよそ二キロ。自家用車が主たる移動手段である盛岡において、二キロはものの数分で移動できる「お隣りさん」と言っていいぐらいの距離感である。ここであえて「直線距離」と書いたのには理由がある。二〇〇四年当時、二店舗間は山によって隔たれており、街側の住宅街をさわや書店上盛岡店が、山側のベッドタウンを東山堂三ツ割店がというように商圏のすみ分けができていた。二店舗間を行き来しようとするならば山を避けて、大きく迂回する必要があったのだ。単純に商圏だけを考えると山の存在はありがたかったが、一方でベッドタウンから街中へと流れる通勤時間帯の迂回路の交通量が問題となっていた。

渋滞を緩和するための解決策として、山にトンネルを開通させる都市計画が持ち上がり、二〇〇八年には開通が間近に迫っていた。直線道路で結ばれると商圏がかぶってしまうことは明らかで、顧客の奪い合いとなる。

開店以来、苦戦が続く上盛岡店のテコ入れを、このなかの誰かがしなければならない。誰も口にはしなかったが、竹内さん、田口さんのどちらかが店長として異動することは既定路線だった。

二人の先輩——天才とスペシャリスト

ここで先輩社員の竹内敦さんについて説明したい。「病める天才」——竹内さんに関しては正直そのひと言で充分ではないかとも思っている。

竹内さんは、僕の小、中、高校の先輩である。とは言っても年齢が八つ離れているので、在学中はもちろんその存在を知るべくもない。後をついて来る者がいるとはつゆ知らず、僕がこれから進もうという道をひと足早く踏み固めながら、盛岡市周辺で四番手くらいの普通高校に入学した。全国偏差値では五〇を切る、歴史の浅い名ばかりの進学校で、竹内さんは地元国立大学の人文社会学部に現役で合格する。僕らの高校のレベルでは、学年順位が上位でなければ合格しない。進学を希望する生徒にとっては上々のその成果を、竹内さんはあっさりと手放す。なんと一年も通わずに大学を退学してしまったのだ。そして信じられないことにその数カ月後、弘前大学の医学部に入り直すという離れ業をやってのける。代々医者の家系というわけではない。特段の理由もなく純粋に興味オンリーで、文系から理系へと進路を変えたのだという。

しかし、残念ながら医学に対する興味も長くは続かなかった。弘前城の桜をやり過ごすこと数度。散りゆく桜を尻目に、懇意になった教授に少なくない額のお金を借りたまま出奔、そして中退。盛岡へと舞い戻り、件の小さな本屋さんでのアルバイトとパチプロという二足の草鞋を履くも、両足ともに紐が切れ、さわや書店に草鞋を脱ぎ、現在に至る。

二〇年ほど勤めた現在は「辞める」病《やまい》は再発していない。わずかに医道への未練が垣間見えるのは、看護師の奥さんと所帯を持ったことくらいだろうか。周囲の天才との評価はダテではなく、誰も考えつかない切り口で構成される売り場とフェアは、ときに誰にも理解されなかったりする。近年、話題になった文庫川柳も竹内さんの発案だ。

そんな竹内さんと、田口さんのどちらが上盛岡店の店長になるかが当面の問題だったが、ほどなくして年齢も社歴も上の竹内さんが店長として異動せよという内示が出た。一緒に励まし合って頑張ってきた僕ら。同世代四人のなかから店長が誕生したのは、素直に嬉しかった。郊外店のノウハウを持たないさわや書店のモデル店。竹内店長は孤軍奮闘して売り上げを伸ばしたが、限られた商圏や認知度が上がらないこと、固定費の高さなどの諸々の理由から、利益を出すことはなかなか難しかった。

一方、本店の二階フロアの売り上げは危険水域が近くなっていた。専門書という扱いの難しいジャンルのスペシャリストであった栗澤さんを、二階フロアの専属スタッフとして配置することは難しくなっていた。フェザン店の二人を対岸の火事とばかりに見ていた僕ら本店組だったが、社員一名で一、二階フロアを統合して運営することが決定し、栗澤さんか僕が本店から異動しなければならない状況が訪れたのだった。危険水域の売り上げに加えて、こちらに燃え移った火の勢いのほうが強い。大火である。

そんな折、栗澤さんが得意とする専門書の分野を強化した売り場作りを目指すという方針がフェザン店から打ち出され、請われる形で栗澤さんの異動が決まった。渡りに船とばかりに、すでに鎮火した対岸へと栗澤さんは渡っていった。

栗澤さんが異動してから三年間、フェザン店では比較的安定した状態が続く。だが、二〇一一年の震災をきっかけに、さわや書店のあり方自体が新たな局面へと動き出すこととなる。震災で傷ついた故郷・岩手県のこれからを考えると、本屋が復興に貢献できることがあるのではないかとの議論が社内で交わされ、そのためには地域との連携が不可欠であるとの結論に至った。それならば、誰かが外商部として「顔役」を勤めなければならないだろうとの意見が大勢をしめた。またもや「この中の誰かが……」問題勃発である。

店頭で本を売るだけではない。すべてのことが「商い」となり得る。これまでのさわや書店にとっては前人未到の仕事。手を挙げる者は誰もいなかった。未開拓の分野、苛酷な外商。

苦労が目に見えているのに、誰がやるというのだろう。決定が棚上げされたまま数日が過ぎ、火中の栗をすすんで拾ってくれたのは栗澤さんだった。あの事件の名探偵役が、まさか犯人として名乗り出るとはびっクリ……そう茶化すことすら憚られる状況。相当の覚悟を要したことは、察するに余りある。それまでのキャリアを捨て、一から積み上げることを決意した栗澤さんは現在、外商部の部長としてさわや書店にとって大きく〝新しい〟売り上げをもたらしてくれている。

集会や講演会などの出張販売に行くことはもちろん、そこで築いた人脈によってさわや書店主催の講演会を主催したり、地元の浅沼醤油店さんとコラボして減塩醤油を作り、書店店頭で販売したりと大忙しだ。二〇一七年の冬には、使わなくなった僕たちのエプロンを南部裂織《さきおり》という伝統工芸の技によって、限定一四〇枚のブックカバーとしてよみがえらせた。その試みはウェブ上で話題を呼び、二七〇〇円というお高めな値段にもかかわらず飛ぶように売れた。このように店頭で本を売っているだけでは生み出せない、新たなる売り上げを創出している（もちろん、栗澤さんの酒量はそれに比例して増えた）。

二〇一七年の新店舗ORIORIのコンセプト「体験型」も、栗澤さんが地道に積み上げてきた活動の延長線上にある。ちなみに二〇一七年三月末、上盛岡店はひっそりと閉店を迎えた。いまなお社長のスクラップ&ビルドの精神は健在のようである。

自分に足りなかったもの

伊藤店長の退職以来、大池さんを旗振り役に四人で主要店舗の現場をやってきた日々。他の三人が自分の場所を定めて活躍の場を広げるなかで、僕ひとりが置いていかれたような気がしていた。そんな僕は、伊藤店長が作り上げたさわや書店本店というブランドイメージを裏切らないように、自分の意思というよりも「伊藤店長ならこうするだろう」という基準のもとにすべてを判断するという時期を過ごしていた。

ことあるごとに「四人で」と、合言葉のように持ち出されるそれに、どこかで引け目を感じている自分がいる。最終的に責任を問われることのない自分の発言は軽い。他の三人に比べて、どうしても軽いのだった。

そのことを悔しく思った僕は、ふがいない自分への戒めとしてプライベートでも付き合いのある三人の呼び名に必ず「店長」もしくは「部長」をつけて呼ぶことを、自らに課した（ただし、栗澤さんだけは「栗澤宴会部長」と呼んでしまいそうになるので、一度も呼んだことがない）。次長職に徹して「いつか」に備える。自分にできる精一杯のサポートをしようとの決意を固めたつもりだった。

伊藤店長がいなくなってしまった「あの日」と、自分は漕ぎ手としてサポートに徹しようと決めた「あの日」――望まずに訪れた「あの日」と、自らの決意によって選び取った「あの日」。後者の「あの日」は、僕を成長させたのだろうかと自問するが、答えは出ない。むしろ一歩引いたことは、誤った選択だったのかもしれない。

だがこうも考える。決意自体が誤りだったわけではなく、決意した後の日々のなかでどれだけ具体的に来るべき「いつか」を頭に置いて、日々を過ごしてきたかなのだろうと。僕に足りなかったのはその気構えだ。

だって、いざ訪れた「いつか」に、店長の内示にいまの僕はこんなにも困惑している。何も考えずにがむしゃらに過ごし、できることをやるしかないと過ごした日々の先に、いま僕は立っている。店長として働く「いつか」に対する備えを怠った僕は、「これから」の日々のことを「いま」必死に考えているところだ。

反省しつつ振り返って思うことは、自ら何かを決定し責任を取る船頭の仕事とは、こんなにも怖いことだったのかという驚きだ。三人に対し尊敬を込めて「店長」「宴会部長」と敬称をつけて呼ぶ日々は、まだまだ続きそうである。

もしかしたら僕の差配する船だけ、いつか山に登ってしまうかもしれない。

第四章

さわや書店の新規出店

1　新店のコンセプト

さわや書店、二〇一七年五月に出店

二〇一七年五月一九日。さわや書店は、盛岡駅ビルの三階（同ビル別館にフェザン店がある）に新しい店舗「ORIORI produced by さわや書店」（以下、ORIORI）をオープンした。僕はその店の立ち上げから関わり、開店時には店長も務めた。この章はその新店舗の出店が決まった二〇一六年の年末から、開店準備、そして開店後に見えてきたものを追いかけたものにする。これから同様の体験をする人の参考に少しでもなれば嬉しい。

＊

二〇一六年の初冬。出店の大枠が定まり、年末年始の商戦がひと段落した頃から田口さんと僕は新店の準備に取りかかり始めたのだが、話は少しさかのぼる。

この新規出店が決まる直前の二〇一六年の秋。天下分け目の決戦（僕が勝手にそう考えていた）と位置付けた出店争いが他の書店チェーンとの間にあった。けれど、その争いに競り負け、さわや書店にはむこう何年かにわたって新規出店の話はないだろうと思っていた。だ

が突然、まったく想像もしないところから新たな出店の話が降ってわいた。そう、それはまさに「青天の霹靂」というやつで、当初うちの会社の誰一人としてその出店に賛成する者はおらず、丁重にお断りして、それで終わりになるはずだった。しかし、である。

霹靂、つまりカミナリとは、雲のなかの氷の粒同士がこすれ合うことによって発生した静電気がその正体である。空を舞台に繰り広げられる大がかりな静電気ショーというわけだ。交渉の様子を傍から見ていて、急転直下で出店へと傾いていった様子は、まさに雲のなかの出来事そのものだった。

出店することが決まったからには、やらなければならないことが山ほどある。床や天井の工事、什器、照明、図面起こしの打ち合わせなどのハード面はもちろんだが、一番初めに取り組むべき大事なことは、新店の〈コンセプト〉を決めることだ。何を措いてもこれが一番の心柱となる。長らくフェザン店の哲学に則って働いてきた僕は、頭に染みついてしまった「フェザン脳」から脱却したうえで、考えを巡らせなければならなかった。頭をリセットして新店のコンセプト作りに取り組むためには、他店の棚を見ることが一番だとの結論を得るのに時間はかからなかった。気は急いていたが、年末年始の繁忙期を何とかやり過ごし、二〇一七年一月中旬の三日間、東京行きの日程を決めたのだった。

行ってみたかった本屋「進駸堂中久喜本店」

初日。早朝に出勤し、雑誌と目ぼしい新刊を売り場に並べてから、開店一五分前に店を出た。ふだん上京する際には、仙台、大宮、上野にのみ停車する新幹線を選ぶのだが、今回は少し事情が違った。田口さんと「いつか行ってみたい」と話していた書店へ、これを機に行ってみようということで意見が一致したのだ。

盛岡から約四〇分「はやぶさ一〇号」に揺られ、仙台へと到着。すぐ向かいのホームに停車している「やまびこ一三二号」に乗り換えて、ふたたび南下する。さらに郡山駅で「なすの二七四号」に乗り換えて五〇分、僕たちは栃木県にある小山駅に降り立った。

東口を出て、まず驚いたのは自転車の多さである。駅の二階にある改札の目の前を、自転車を押しながら歩く人を数人見かけてはいたが、駅の駐輪場には所せましと隙間なく自転車が止められている。事前にネットで地図を見ていて、バスが運行しているのではないかと予測を立てていたが、あまりの自転車の多さを目にして、なんとなくいやな予感がした。駅前にそびえたつ白鷗大学東キャンパスを前に、バス停を探せどもそれらしい表示を見つけることができない。予感的中。おそらく小山市では、ポピュラーな移動手段は自転車なのだろう。スケジュールも押していたので、手っ取り早くタクシーで向かうことに決めた。

目的地まで三キロほどの道中、車窓から見る景色にあまり高い建物は見受けられない。小山市の人口が気になったので、スマホを取り出して調べてみるとおよそ一六万人ほどだという。盛岡市のおよそ半分。店を見る時の参考にと、頭のメモに書きつけておく。一五分ほどかけて到着したのは「進駸堂中久喜本店」さんである。

人口＋商圏＝店作り

一二時五〇分。予定より一時間遅れて店に伺うと、入口左のレジカウンターに店長の鈴木毅さんがいた。挨拶もそこそこに、早速売り場を拝見しようと二〇〇坪ほどの店内を見回すと、平日のお昼時の郊外店であるのに店内には十数名のお客さんの姿がある。さわや書店の唯一の郊外型店舗であった「さわや書店上盛岡店」は同じくらいの広さだったが、平日の昼の集客には苦労した。同店の運営に試行錯誤した僕らは、まずそのお客さんの数に目がいった。静かな店内で、お客さんは各々、目的の売り場の前で熱心に本や商品を選んでいる。その心地よい静寂のなかを、ガラガラと旅行カートを引きずりながら、騒々しく移動するのは気が引けた。だが、そんなことを気にしたのも最初のうちだけだった。

鈴木さんとは以前、水道橋で開かれた大商談会でご挨拶させていただいたが、知り合いの書店員や出版営業の面々から、ことあるごとに売り場の素晴らしさを伝え聞いていた。今回、念願かなって伺うことができたわけだが、結論から言うと伝え聞いていた以上の工夫が、そこかしこにちりばめられた売り場だった。さわや書店の新店舗をどのような空間にするか、頭のなかのモヤモヤとしたイメージが具体的な像を結んでゆく。期待していた以上の刺激とヒントに、メモと写真を取る手が止まらない。

地方の本屋にとって、そのまちの「人口」は店作りの根幹に関わる。普段使いの本屋として常連さんへ向ける「すっぴんの顔」と、商圏外からお客さんを呼び続けるために作る「メイクした顔」との割合がとても重要なのだ。その二つの顔を意識的に使い分けることが、長いスパンで店を続けてゆけるかどうかの生命線となる。進駸堂中久喜本店さんの店内に足を踏み入れた瞬間、そのことをよく理解していることがわかった。

顔の使い分けに無自覚な書店は、ことのほか多い。その使い分けに自覚的になると、棚のメリハリが自然と効くことになるから、競合する他店と争ううえでの大きな武器となる。しかし、この使い分けについて表立って口にすることはあまりない。なぜなら、その二つの顔の使い分けの割合に正解はなく、多分に「感覚」優位のものだからである。

首都圏の本屋は、人口の多さから商圏が定まっていない部分があるから、このあたりは曖昧になる。だけど、閉鎖された商圏であればあるほど、店の特色を出すことでいかに商圏外から集客するかに、心を砕く必要があるのだ。商圏外からの集客の最たる例が、京都にある恵文社一乗寺店さんだろう。外装、内観、品揃え。オンリーワンの存在で、もはや観光地としての風格すら漂っている。だが、地域の人が気軽に週刊誌を買いに訪れるかといえば、それはまた別の話なのではないか。

だから、書店員同士で会話をしていて、店の売り場作りに話が及ぶと、相手が二つの顔の使い分けに意識を向けているかどうかを、それとなく推し量ったりする。

進駸堂中久喜本店さんはよくぞここまでわかりやすく、その感覚を意識して具現化しているなと思った。百聞は一見にしかず。ぜひ訪れてそのすごさを体感して欲しいと思うのだが、残念なことに進駸堂中久喜店さんは今はもうない。借地契約の期間満了に伴い二〇一七年七月に閉店せざるを得なかったという。

惜しまれつつ閉店した進駸堂中久喜店さんの、どこが素晴らしかったのか。その魅力について僕なりの見解を残しておきたい。

「また来たくなる」本屋とは

たとえば、店内の文庫のフェア台で展開されていた「一月生まれの作家コーナー」と題したミニフェア。正直これを見た時には唸った。

一月生まれの作家の顔写真が誕生日とともにパネルに記され、その横に代表作が並べられている。いつもと違う切り口で名作文庫を目に触れさせることで、常連のお客さんの購買意欲を掻き立て、同時に商圏外のお客さんに対しては、作家の写真を切り抜いてパネルにするという手間を惜しまない工夫によって、普段訪れている近場の店と比較させて印象付ける。

「変わったことをやっている」「面白い」と思ってもらえたら、再び来店してもらえる確率は高まる。

たった一つのフェアで「すっぴん」と「メイク」を同時に演出する「ナチュラルメイク」の技法は、並大抵のものではない。それは、細部まで考えられた棚割比率からも窺えた。

資格書、専門書、建築書、理工書で店内の一区画をしめる棚が、通常の郊外店で取るスペースより広い。雑誌売り場に次ぐ二番目の広さだった。鈴木さんにそのことについて尋ねると、近くに工場と高等専門学校があるからという説明だった。ここまでなら、普通の本屋でもやることだ。だが、鈴木さんはもう一歩踏み込む。

建築の例がわかりやすいだろう。棚の上部に写真入りで「フランク・ゲーリー」や「ジェフリー・バワ」といった建築家が紹介されている。その一方、目線の高さの面陳列には一般の人も手に取りやすい新書や文庫なども置かれ、『人が集まる建築』仙田満（講談社現代新書）などの興味を惹くタイトルの本が並べられている。そして、さらには谷崎潤一郎の名著『陰翳礼讃』の文庫がセンターにPOP付きで並べられていた。

このように棚の中に収まっている本も、常連客から一見客まで、各層のお客さん目線にたった選書がなされているのだ。とてもセンスがいい。この言い草だと「上から目線で偉そうに」と思われるかもしれないが、実際は「えっ？　この出版社、こんな本も出版してたの!?」という驚きが勝ったうえでの発言であることをご了承いただきたい。大きな売り場面積に「なんでも詰め込みました」という某チェーン店の棚よりも一〇〇倍魅力的だ。さらに

上）一月生まれの作家コーナー
下）建築の棚
単行本と一緒に文庫や新書も並べることで読者の間口を広げている

は、本に詳しい人の意思がこれでもかと感じられる「まえのめり」の選書でもない。あえて「一歩後ろに下がった」という距離感が心地よい棚なのである。

そして、この店の「メイクした顔」をもっとも象徴するものはアメコミの棚だろう。コミック売り場入口の一等地に、多すぎるのではないかと思われるアメコミのアメアラレ。興味のない人は素通りしてしまうジャンルであるが、僕のようなアメコミの何たるかさえよくわからなくても、その熱量に圧倒されて思わず足を止めてしまう。目につきやすいところに『アメコミ映画40年戦記』（洋泉社）をはじめとした、初心者でも手にしやすいガイド本が置かれているのだ。痒いところに手が届く心憎い演出。これだけディープな世界で、棚を構成するほどアメコミを知悉しているにもかかわらず、敷居を高くせずに「お前も来いよ、こっちの世界へ」と手を差し伸べられた気分になった。

このアメコミの棚の前に立って、自分は入門者の気持ちになってウチの店の棚を作っているだろうかと、自省したことは言うまでもない。店内に掲げてあった「また来たくなる発見のある店」のコンセプトに偽りはなかった。

進駸堂の魅力を新店に

店内マップで壁面にある「人文」「ビジネス」と見ていき、「学参」との境目にある「郷土書」の棚で、田口さんと落ち合う。「すごいですね」「魅力的な店だよね」と感想を漏らし合うと、田口さんはすでに二冊の本を抱えていた。

話しながら郷土書の棚に目を向けると、「小山評定」に関する本が集められている。僕のなかで結びついていなかったが、小山市は家康が天下を取る第一歩となった「小山評定」の舞台であった。いまだ群雄割拠の書店業界。天下分け目の決戦は、まだ終わっていなかったらしい。後に三五〇年ほども続いた江戸時代の契機となった地に、田口〈家康〉とともに来られたこと。「家臣である不肖・松本は幸せですぞ」と心のなかでひとり芝居をする。気分はすっかり〈黒田長政〉である。はたして今回の新店を、さわや書店の天下獲りへの契機とすることができるだろうか。

バカな妄想を振り払いつつ、鈴木店長と店作りについてお話をさせていただき、進駸堂中久喜本店さんを後にした。

さわや書店上盛岡店が目指して、実現に至らなかった「郊外店」の理想の形が進駸堂さんにはあった。いただいたアイディアを新店舗にどう応用して盛り込むか。同じ体験をしても、それをどのように咀嚼して、アウトプットするのかは人それぞれである。他の小売りは値引き合戦に陥ることも多いが、本は再販制によって価格が決まっているから、商品の見せ方や魅力の伝え方、他の本との組み合わせ方に腐心するしかない。その中の「見せ方」の部分で大いに参考になったことは言うまでもない。

その後、在来線を乗り継いで水道橋駅に到着したのは一六時だった。打ち合わせを二件こなしてから、新旧の東北担当をしてくれた出版社の営業のお歴々に、出店説明会に名を借りた宴会を開いていただき、この日の夜は更けていった。解散は深夜二時。あと二日、はたして体力はもつだろうか……。

2 出版社へのお願い

ガラパゴス化する「さわや書店」

二日目の朝、昨日の酔いを引きずりながら神楽坂へと向かう。目的は新潮社への訪問および、その隣にある「la kagū」という店舗兼イベントスペースの視察である。

以前、東北の営業を担当していた岡田明久さんと、現担当である松村茜さんを訪ねた。図々しくも昼食時まで居座り、NHKの「サラメシ」でも取り上げられた新潮社本館地下の社員食堂に招待していただく。メニューは「日替わり」の一品のみ。僕らが訪れた日は、チャーハンと煮込みラーメンのセットだった。家庭的なやさしい味に、前夜の疲れが癒されてゆく。

事前にゲラで読ませてもらった相場英雄さんの『不発弾』の感想や、発売間近の某大型新刊の配本で岡田さんが忙殺されている話など、情報交換をしながらの有意義なランチである。

新潮社の社員食堂を象徴する「銀の皿」が空になってからも、しばらく話は尽きなかった。

「la kagū」の雰囲気と規模感を田口さんと共有した後、歩いて牛込神楽坂駅に向かった。地方の出版物を広く引き受ける地方・小出版流通センターの川上賢一さんと会うためだ。その初対面の席で、とても意外な言葉をいただいた。

「荷開けして、検品して、品出しもする。そのうえレジに立って、お客様の問い合わせにも対応し、返品を作って、発注もして、アルバイトの管理をして、売り上げ予測して、閉店作業まで。こんな一連の作業を日々こなしている書店員って、個人経営の書店を抜かしたら、ちくさ正文館の古田一晴さんか、おたくらぐらいだよ」

さわや書店の雑貨店、ポルタマジカでお世話になっている取次の平田晃一さんも、隣の席で同意していた。平田さんの言葉を借りると、僕らは「天然記念物」「絶滅危惧種」となるらしい。正直、それを聞いて違和感を拭えなかった。

前述の雑務を含めた僕らの日々の業務は、自分のなかでどれも欠かせないもので、一連のつながりを持っている。書店の現場で社員が減っているのは知っていた。それに比して業務の分業化が進んでいるということも。だけど他店の事情はあまりわからないから、僕らのような働き方をしている書店員は、まだまだ存在すると思っていた。指摘されるまで疑問にも感じていなかったけれど、いつの間にかガラパゴス化していたらしい。

日本でガラパゴスというと否定的なイメージで使われるが、独自の生態系を保ったためにコロンブスに発見され、小さな島が驚きをもって全世界から注目された。小さくとも特色を打ち出せば、注目を集めることができる。だから、きっと歩んできたこの道は間違っていないだろう。仮に立ち行かなくなって滅びたとしても、他に与える影響は少なくてすむだろうし。わっはっは。

出版社へお願い

その日の夜。前日の出版社の営業担当の集まりから打って変わり、今度は編集の方々に、神保町で「さわや書店を囲む会」を催してもらった。

二日間、田口さんと行動を共にし、意見を出し合って、新店舗をどのような店にするかすり合わせをした。それらを形にするためには、どうしても編集者にお願いしなければならないことを会の冒頭で伝えた。それは新店に「イベントスペース」を設けること、それを出版社に最大限に「活用」してもらうことであった。

大学を東京で過ごした僕が、地方に帰ってきて痛感したことは「体験の格差」だった。「人口」の話と密にかかわってくるが、情報の量は人口の多い首都圏に集まることは言わずもがなである。昨今、SNSの普及によって日本全国で情報の取得に関してはだいぶ均一になったが、それ以外の手段を使い効率的に情報を届けようとすると「マス＝大きなかたまり」である首都圏に、多くの資本が投下されることは自明である。

伝える情報を「熱」でたとえるとわかりやすいかもしれない。小売店には「熱（＝情報）」が冷めないうちに消費や精神的充足感といった「行動」に移ってもらいたいという思惑がある。物理的な距離が、遠ければ遠いほどその熱は冷める。熱源が複数集まっている首都圏には、互いの熱が作用し合って冷めにくくなるという利点がある。集客や利益といった商売に不可欠な要素を鑑みると、どうしても「熱」は首都圏へと集中する。いわゆる最大多数の最大幸福という考え方だ。首都圏に住む人間がそれらを享受する一方で、地方に住む人々が「熱」によって温まる機会はまれである。

「ホンモノ」に触れる体験をするためには、時間とお金をかけて首都圏へと出向く機会を作るしかない。これは、実りの多い人生を過ごすことを念頭に置いたなら、地方在住者にとって著しいハンデではないか。もちろん同時に、岩手県でしか「体験」することができない催し物で、商圏外から集客するという構想も頭のなかにはある。

『下り坂をそろそろと下る』平田オリザ（講談社現代新書）を読んで、そのくすぶっていた思考に光が与えられた気がして、すぐに田口さんにも読んでもらった。

この本の中で平田オリザさんは、兵庫県の城崎に「城崎国際アートセンター」を立ち上げた際の取り組みのことを書いている。元々あった「大会議館」を改修し、宿泊、滞在型の施設として生まれ変わらせたのだ。誘致の結果、世界中から芸術に取り組む「ホンモノ」が集う合宿施設となり、現在も好評稼働中であるらしい。僕たちが目指すべき「本屋のカタチ」

を具現化したような事例だと感じ入った。

そうなのである。「熱」が伝えられることを待っていては、身体は冷えてゆくばかりなのだ。では、どうすればよいのだろう。答えは簡単である。

〈自分が動けばいい。自分が動くことで「熱」を生み出せばいい〉

盛岡に「ホンモノ」を持ってきて、わざわざ首都圏に行かなくても「熱」に触れる機会を演出して出会いを取り持ち、逆に岩手にある「熱」の存在を県外に向けてアピールすること。それが僕らが新店に込めた、唯一無二のコンセプトだ。

田口さんと確認し合ったそれらのことを新店で実現するためには、出版社の協力が必要不可欠かつ最重要であるとの結論を得て、僕らはその思いを真剣に伝えた。

店内にイベントスペースを作ったはいいが、継続的に魅力的なイベントを催せなければ「仏つくって魂入れず」となってしまう。熱量を生み出すためには、エネルギーを補給し続けることが重要である。

この日、集まってくれた作り手である彼ら編集者が持つエネルギーには、すさまじいものがあった。作家の今野敏さんの前で漫才を披露してダダ滑りしたという若手編集者二人は、次回リベンジするために新ネタを作り精度を高めていると話していた。それが何を生み出すかは分からない。もしかしたら何も生み出さないかもしれない。けれど、そこに傾けた情熱は知らず彼らのうちに火を灯し、今野敏さんや他の誰かにとっての種火となるかもしれない。

実際、僕の心は少し焦げていた。僕らもこれからは小売り側の視点だけではなく、メーカーの視点を持たなければならない。新店で僕らが売るのは既製品だけではないのだ。

作家とともに一から物語世界を生み出す編集者と、思いを一にして描く未来とは、出版界の、本の、小説の、作家の、ひいては本屋の復権である。

熱く語り合いながら神保町の夜は更けていった。

見えてきたコンセプト

僕にできる「熱」を発することとは、本屋で「体験」を売ることとである。収入が減り、可処分所得が減少し続ける日本において、消費者が財布のひもを緩める瞬間は「趣味」や「自分の成長」をおいてほかにない。

例を挙げるなら旅だ。旅先で「せっかく来たのだから」「次はいつ来られるかわからないから」と自分に言い訳をしながら、日常の金銭感覚からすると到底考えられないような値段の商品に手を伸ばす。そんな経験を誰しもお持ちだろう。さわや書店の新店舗において「非日常的な日常」を演出することができたら、お客さんも働いている僕らもきっと楽しいだろう。

扱う分野が広い書店では、趣味となり得るありとあらゆることのハウツー本がある。それら趣味に特化する本を出版し、トップランナーとして君臨するのが枻出版社さんだ。枻出版社さんの扱う趣味本の分野は広くかつ深い。そんな椎出版社さんを巻き込むことができたら、熱量は相当なものになるのではないか。そんな空想が広がる。

たとえば、書店で釣り大会を開催するといった場合を想像して欲しい。その釣り大会を椎出版社さんと共催するというモデルを、勝手に考えてみた。

椎出版社さんは毎年一〇月に感謝会と称して、増売に取り組んだ書店を会に招待してくれている。その付き合いのなかで確信を深めたことは「書店は必要なものである」との哲学が社内に浸透していること。そして同時に、その哲学を行動によって示す気概を有する出版社であるということだ。だから、もしかしたら釣り大会の広告費や協賛金、そしてマニア垂涎の景品までも供出してくれるかもしれない。それを求めて、マニアはこぞって椎出版社さんの本を買うだろう。釣り大会の様子を、椎出版社の釣り雑誌「SALT WORLD」の誌面に載せれば雑誌も売れる。

主催者であるさわや書店は、いかに多くの人々にイベントの開催を伝えるかに腐心すればよい。あ、もう一つ。開催日に起こり得る「川に落ちた」「海まで流された」「モビィ・ディック」に片足を食いちぎられて復讐の鬼と化した」などのリスクをマネジメントする必要があるので、書店で保険代理店も始めてしまえば一石二鳥だ。

実はこの「釣り大会」に近いことを以前、さわや書店フェザン店でやったことがある。新日本プロレス所属のレスラーのトークイベントを持ちかけられたのだ。その時は、新日本プロレスさんが指定する雑誌をお買い上げの方に整理券を差し上げたのだが、合計で一〇〇冊以上も売れてイベントは大盛況のうちに幕を下ろした。

本屋の「のびしろ」と「のりしろ」

「ホンモノ」に触れる機会を、地域の本屋が取り持つ。二〇一六年一二月に開催した「文庫X開き」のイベントだって入場料を取れるだけの催し物だったと、いま振り返ってみて思う。

　このように書店は企画のあり方次第で、たくさんの対象を巻き込めるのだ。

　本業の本を売ることは「のびしろ」がないと言われて久しいが、人とモノ、人と人とをつなぐ「のりしろ」に使える余白はたくさんある。だから僕は、未来の本屋は総合イベント会社へと変貌するべきだと本気で考えている。その第一歩として今度の新店を「熱」をまき散らす場としてプロデュースするつもりだ。

　ビジネス書の著者によるセミナーに代表されるような、小手先のインチキ臭い「自己啓発型」のイベントは互助会的に続くだろうが、その先に未来はないと思っている。実態のない夢を語り、プロデュース料をかすめ取るようなあり方ではなく、もっと地域に根差したあり方で僕らは本屋であり続けようと思っている。

　もう少し言うと、面白ければなんでもありでガラパゴスなさわや書店は、個人的な体験である「本を読む」という行為を進歩させたいとも考えている。ＳＮＳとは対極にある「現実のつながり」と「体験の共有」のモデルケースと言われるような体験型の本屋を目指している。

誰かの知識や経験を、効率よく伝達するために編まれた本から「体験できる部分」を取り出す。実際の体験を入口として、より理解を深めるために本を購入していただく。一冊の本を売るためにかける手間ひま。それはより多くの「熱」を伝え、生み出すために必要不可欠な行為だと僕らは信じている。

本屋の店先で情報を集積し、発信し、「熱」を生み出すことができたなら、その時は僕たちの業界が、娯楽の王様としてふたたび覇を唱えるにちがいないと僕は信じている。

三日目については書くことはあまりない。盛岡駅ビルのなかにもう一店舗できるさわや書店の新店へと思いを馳せ、大きな夢を膨らませて帰路へとついた。

3　店長に必要なもの

店長としての責任と自己評価の低さ（とスネ夫）

開店を二カ月後に控えた頃、新店舗の店長を任されることに決まった。

最初にその話を聞いた時、マジメンドクセエナと、言語化するよりも早く脳に感情が伝わった。その感情はたぶん光よりも速く地球を七周半して脳まで届いたと思う。「考えるな、感じろ」という、かの有名なアドバイスをはじめて実践できたのではないだろうか。

自分という人間について、そんなには多くないけれど、節目、節目で考える機会があった。考えるごとに自己評価はことごとく低く、より低く更新され、最近では地面すれすれのあたりをさまよっている。引き下げられ続けている日本国債の格付けも、僕の自己評価の低さに比べればまだまだだろう。ちょっとした「誤差」の範囲内である。たとえて言えば、体重一〇〇キロのふくよかな人が九九キロになったくらいのものだ。そのたとえに乗っかるなら、こちらはもはや骨と皮といった有様である。

そういえば、『ドラえもん』に登場する骨川スネ夫は、なぜ「皮」ではなく「川」なのだろうと疑問に思って調べてみたことがある。その疑問を解くカギは彼の子孫にあった。スネ夫の二二世紀の子孫と思われるスネ夫によく似た少年は、その名をミエ吉という。彼はのび太の子孫であるセワシの友人だ。のび太側の名前に着目すると、「のびのび」から「せわしない」という、性格的な変化が窺い知れる。その推測が正しいとすると、スネ夫の血筋に至っては「拗《す》ねている」から「見栄《みえ》をはる」という、二世紀を経た開き直りの遺伝子が名前に表れている。つまるところ、スネ夫の「スネ」は脛ではないのである。だから「骨と皮と脛」だと考えていた人は、誤った解釈なのでいますぐ訂正していただきたい。……ちょっとなにを書いているのかわからなくなってきた。半分は照れ隠しである。責任ある立場は面倒くさいと言いつつ、他者に評価されると多弁になる。

自己評価について話を戻そう。

社会に出て、本を読み、少なくない時間を過ごしつつ、最近になってやっと自分に目を向けて気づいたこと。それは自分が行動力を伴わない人間であるという事実だ。何事かを思いついてもやらない。この抜群の安定力。その回数が他人に比べてなんと多いことか。周りの人はいつの間にか何やら新しいことに取り組んでいて、そのことをだいぶ後になって知る。たとえば、中学校の同級生はいつの間にかホリエモンの腹心になっていて逮捕されたし、いつの間にか過高校の友人はいつの間にか某キックボクシング団体の日本チャンプになっていたし、大学の友人はいつの間にかアメリカに渡ってD・トランプを支持していたりした。いつの間にか過ぎていた時間に、僕は何も為さなかった。自分がウサギに置いていかれている認識すらなかったとは、もはやカメ以下である。

たしかに僕だって、冒険心に富んだ一生っていいな、と思ってはいる。しかし残念ながらそれよりも、だらだらとした日常が永遠に続くことを願う気持ちが心の大半を占め、実際そのように日々を過ごしてきた。ドキドキやスリルは、冒険もののフィクションで事足りてしまう人生。だから、興味を持ったことであっても様子を窺っているうちに機会を逃すことがほとんどだし、新しくできた飲食店もだいたい横目で窺いながら前を通り過ぎる。

実用的な本を読んでいて「いいな」「やろうかな」と思うことがあっても後回しにして、結果ほとんど取り組むことはない。前に『はじめての人のための3000円投資生活』横山光昭（アスコム）を読んで、「これはやろう！」と心に決めたが、いまだに取り掛かっていない。そうこうしているうちに、店を訪ねてきた後輩とたまたま投資の話になった。

僕は「知識」としてその本の内容を話したら、後輩はすでにその本を読んで投資生活を「実践」していた。ああ、ここにもウサギがいた。すでに大きな差がついてしまって、もはや背中すら見えそうにない。またも出遅れたと嘆きつつ、追うことを諦めて後輩の投資話に気のない相槌をうつ。そんな生き方が染みついてしまっている。三日坊主すら僕にとっては大僧正だ。重い腰を上げない。重すぎて上がらない。なんて重い腰なのだ。しかもこの腰は重いばかりか、慢性的に痛い。そんな僕が店長である。

書店員の特徴

店長になるにあたって迎えた「節目」で、あらためて仕事の取組み方について考えた。就任したらこうしよう、ああしよう、こんなこともやってみたいと考えながら、ふいに気づくべきではなかった一つの疑問が頭をよぎる。

いま、あれこれ考えているこれらのことを、はたして自分は本当に実行するのだろうか。

ヤバい。どうしよう。7：3ぐらいでやらない気がしている。これはやらない原因を突き止めて、いまのうちに根治療法を施すしかない。そう決意して、自分が行動に移さないメカニズムを考えてきた。

正直、考えること自体が面倒くさいからやめようかな、とか途中で投げ出しそうになりながらも思いついた仮説は、この「行動力のなさ」は「情熱の欠如」から来るものではないだろうかということだ。本屋大賞の授賞式などで、全国の本屋さんで一生懸命働く人たちと出会い、触れ合う機会がこれまで何度もあった。話してみると、みな一様にアツい想いを持って働いている。それ以前の僕は、書店で働く人々がそんなアツい志と、行動力を持っていると思っていなかった。本屋で働くことを選択した人は、自分と同様にコミュ障で、怠け者だろうと漠然と思っていたのである。本屋に勤めようと考えた当時の自分を基準に想像すると、僕のなかで浮かび上がってくる人物像は、自ずと次のような人々になる。

・何となく本屋は楽そうだと考えている（＝本を並べておけばお客さんが勝手に買ってってくれる）
・人と接するよりは本を読んでいたほうがいい（＝消極的選択の連続でたどりついた）
・本屋で働くとレジを打つ時以外はカウンターの椅子に座ってマンガを読めるのではないか（＝昔、実家の近くにあった本屋はそうだった）

・体力には自信がないが知力はなかなかだと思っている（＝じつは体力と強靭な腰こそが必要である）

これら不純な動機で働き始めた輩は、たぶん三日と持たないだろう。実際の本屋の店員は、情報交換のために人と会う時間を惜しまず、並行して寝る時間を削ってまで本を読み、売り場でバリバリ働きながら、商品の陳列場所と組み合わせに頭をフル回転させる。少なくない情熱を燃やしてフェアなどを企画し、夜の会合で業界の未来を愁えている。全員「熱男《アツオ》」とは言わないが、そんな尊敬に値する人物が何人もいる。

『まちの本屋』田口幹人（ポプラ社）

信じられないという人がいたら、ためしに『まちの本屋』田口幹人（ポプラ社）を読んでみれば、嘘ではないことが分かっていただけるだろう。非常に前向きで、業界内でも評判を呼ぶ素晴らしい本だ。うん、これぞ情熱の塊。しかし唯一残念なのは、この本のなかに僕のことも触れられていることだ。田口さんがこの本を出版してからしばらくの間、周囲の方々から「読んだよ」と声を掛けていただく機会が結構な回数あった。その言葉に対してなんと答えていたかというと、「まだ読んでないんですよー」だった。あまりに「読んだよ」と声を掛けられるものだから、その後こそこそと隠れて読んだのだったけれど、そのなかに書かれた、僕に対する田口評がとても照れくさかったから読んでないふりをしてやり過ごしていた。なにせ僕は情熱に欠けるのだ。

しかしいま、「さわや書店の原型を作った伊藤清彦・元さわや書店店長を継ぐのは松本だ」と、はっきりと書かれているこの本に照れている場合ではない。いままでは行動しなくてもその結果は自分に返ってくるだけだったから良かったけれど、これからは僕が行動力のなさを発揮すると、店に、ひいては会社に迷惑が掛かってしまうことになる。だから情熱というガソリンで走るようにできていない僕は、情熱じゃない何かを燃料にして走らなくてはならない。

「では何を?」と考えてひらめいたのは「怒り」である。『九十歳。何がめでたい』(小学館)の佐藤愛子さんばりに、怒りを糧にこれからの日々を過ごそう。よし、では手始めに業界の現状に怒ってみよう。

出版業界を怒ってみる

本屋で働く人間は本を売る最前線にいる。そう言えば聞こえはいいが、出版「流」通という文字に則って川の流れで考えてみると、最前線の意味合いはとたんに変わる。そう、昨今そこかしこで用いられるホットワード「下流」である。下流コノヤロー。

川の上流は出版社だ。上流に住む村人である出版社は大雨が降り続き、源流から湧き出る水の量が増え、「清き水の流れ」になっていないことに困っている。水量が増えて、川の流れが速くなった結果、ろ過装置もうまく作用せずに水質自体が下がってしまった。増えた水の量は下流に向かうにつれて勢いを増し、次から次へと流れてくる水に押されて留まることなく海へと流れて行ってしまう。この説明における「水」は本のことであり、「海」とは返品が帰る場所である。

海に流れ出た水は蒸発して、再び川の上流へと降りそそぐ。「このままじゃ川が氾濫してしまう」と危機感を持った川の中流に住む村人たちは、水流をコントロールするためにダムをつくった。「ダム」とは、卸売業者である取次会社の施策のことである。

ダムができた川の下流に住む書店村の村人は、我が田んぼに水を引いて実りを得ようと考えているが、いかんせんキレイな水が少ないために、奪い合う現状となっている。だからもう一本あるダムのない川の豊富な水量を、うらやまし気に眺めている。だが、ダムのない川の下流に住む書店村の人々は、じつは大量の水が流れて来すぎて、田んぼが水浸しになってしまいそうである。そうこうしているうちに、ダムで堰き止められた水はあふれ、上流の出版社村の人々まで困らせ始めた。

水量が多すぎるのか？ ダムが悪いのか？ そもそも水が悪いのか？ 川幅がせまいのか？ 田んぼへの水路が足りないのか？ 米の育て方が悪いのか？ コノヤローなのか？ そんな状況で、上流の出版社は手をこまねいて見ていてはいけない。清き流れにも魚が住むことを証明しなければ、ダムが決壊して水害が起きる。

先日、「上流が危機だ！」と騒ぎながら『「本をつくる」という仕事』稲泉連（筑摩書房）という本を読んだ。行動力と情熱に欠ける僕の仕事は商品化された本を売ることであるが、行動力のある人たちが本を作ってくれているから「本」を売ることができるのだな、と気づかされた一冊である。

「本とは一体何なのだろう」ということを、本書を読む前の僕はあまり深く考えたことがなかった。本は本として僕の前に完成形で現れていたから。その中身に書かれていることに興味はあれど、わざわざそれらを因数分解のように分けて捉えるということを考えつきもしなかった。だが、本書を読んであらためて考えてみると、究極を言えば紙の束でしかない本を商品とするためにブラッシュアップし、付加価値をつけている人たちがいるのだ。そのことを知り自我が芽生える。コギト・エルゴ・スム。漕ぐとわりと進む。

「本を届ける」という仕事

一枚一枚の紙を重ね、束にして製本し、字体を決め、活字を印刷し、内容に誤りがないかを精査し、装丁を施されることによって、はじめて一つの商品として流通にのる。「本」は川へと流れ出る前段階で、手間ひまをかけて商品となるのだ。一つ一つの工程に情熱を傾ける人がいて、多くの読者に手にとってもらうこと、読まれることを願って作られている。

本を愛する人、本を扱う職業に就こうと思っている人は、この本をぜひ読むべきだ。

たとえば、字体とは開発される対象だということをどれほどの人がご存じだろうか。第一章では、本に書いている内容を分かりやすく伝えるために、読むという行為の邪魔にならないように「秀英体」という文字を開発する際の苦労が語られる。

他にも、本のページ数に16の倍数が多い理由や、モノとしての本の価値を問い直す内容だったり、印刷技術の革新について触れられていたりする。なかでも本屋で働く人間としては、小ロット部数による出版の未来の可能性や、装丁によって内容のイメージを伝えようとする装丁家の気迫などには、読んでいて自然と背筋が伸びた。この本で取り上げられているすべての人は、職人の誇りと情熱を持っている。

僕ら本屋で働く人はそれらを受け取り、手渡す仲介者なのである。それら

『「本をつくる」という仕事』稲泉連（筑摩書房）

上流で込められた情熱を、アツアツのまま読者に届けなければと認識を改める機会となった。よし明日から僕もアツオになるぞ、コノヤロー!

でも冷静な頭で、僕は同時にこうも思うのだ。上流の情熱は川下へと流れるうちに、いくばくか冷めてしまう。では「船に乗って」川下まで直接渡しにやってきてくれてもいいんじゃないか、と。情熱のさらなる先、手渡す努力までも一緒にプロデュースしていかなければ、この業界は水害に見舞われてしまうだろう。

職人大いに結構。だが、自分のテリトリーに閉じこもって、自分の仕事だけに全力を尽くしているようでは、もうこの業界は持たない。上流にも下流にも出かけて行って、積極的に情熱を持った口出しをしていかなければ、革新的なものは生まれない。だから、これからはお互い船に乗って情熱が冷めない距離感で行きましょう。漕ぐとわりと進むぞ、コノヤロー。

4 選書作業

地獄の選書作業

二〇一七年二月下旬から、ひと月半ほどの時間をかけて新店舗のための選書をしていた。お客さんが普段、何気なく見ている本屋の棚。その棚に並んでいる本は、本屋に勤める僕たちによって選ばれて、そこに置かれている。基本的に書店の店内では同じジャンル、似た内容をなるべく一緒にして分類している。新店舗の選書とは、棚に揃える本たち（初期在庫）の選定と発注に一から取り組むことである。

フェザン店のバックヤードの片隅。目の前には壁。後ろには備品を収めた棚。日に日に精神が蝕まれていく。僕の心と反比例するように根雪は身を縮め、雪がちらつく晩冬から季節は巡り、気がつくと岩手にも春が訪れていた。

「どんなぁ、お客さんが来てくれるのかなぁ」

「どうやってぇ、お店にぃ、私らしさを出そうかぁ」

「この本は、私の大好きな本だからぁ、絶対に選ぶぅ」

新しい書店を開く。そのための本を選ぶ。深く考えなければ、このようにメルヘンに満ちた声が聞こえてきそうだ。もしそれらの発言が、直接僕の耳に入るようなことがあったら、今回の牢獄での体験を正座で小一時間、読経のように独特の節をつけて聞かせたうえで、最後の一言だけ文豪ばりにこう結びたい。

「選書の長いトンネルを抜けると雪国であった」と。

僕も選書作業をする前には、お花畑なメルヘン脳だった。だが、お花畑が枯れ果てた大地に立ち尽くすいまは、過去の自分を鼻で嗤う。僕が体験したそれは、ペンペン草も生えない白の荒野であった。永遠に春など訪れない砂漠であった。修羅がいる地獄であった。まことの言葉は失われ、雲はちぎれて空を飛んだ。

これから、ところどころ記憶があやふやで、現実と妄想の区別がついていないかもしれない体験を記す。時系列、誤認、嘘、誹謗、中傷などがあってもご容赦願いたい。

数年前に『絵本　地獄』(風濤社)が話題となったが、なぜあんなおどろおどろしい絵本が売れたのか。今回の選書体験によってわかった気がする。きっと人間には、未知の世界を知りたいという欲求があるのだろう。調べてみると地獄には八つの形相があるらしい。僕にも同様に八つの苦しみが降りかかった。選書に取りかかる直前、決意表明としてデスクの前に「心を鬼に　一年松本大介」と書いた半紙を貼った。冗談半分のつもりだったのだが、地獄の鬼たちの逆鱗に触れたのかもしれない。

八つの苦しみ

まず一つ目は、行動を制限されるストレスである。

さわや書店フェザン店では、問い合わせなどのお客さんの応対は、売り場作りをしている「社員格」の人間が、品出しをやりながら兼ねる。レジ係がレジで問い合わせを受けると、ベルを「チーン」と鳴らす。すると「社員格」の人間が、パブロフの犬のようによだれを垂らしながらレジへと向かう。お客さんとの直接の対話は、本が売れてゆく喜びを体感できる無二の機会だ。愛犬の産んだ子犬がもらわれてゆくような特別な感慨がある。同じように電話が鳴ると、手の空いている者が受話器を取ることがルールになっている。選書に専念するために、僕だけがそれらの問い合わせへの対応を制限されたのだった。

お達しを出した田口さん曰く、「心を鬼にして問い合わせを受けるな」。それを受けての前述の決意表明だったのだが、売り場面積を確保するために極限まで空間を狭くしているバックヤードの片隅で、積み上げられた備品に囲まれながら背もたれのない硬い丸椅子に座り、慣れるまでしばらくの間は、ベルや電話の音にいちいち反応して腰を浮かしては下ろしを繰り返していた。

日がな一日パソコンの画面をにらみながら、座り続けることを余儀なくされた日々。新しい店の店舗名は「ORIORI」と決まっていたが、これは僕があたかも「檻」のなかに入れられているようだから名づけられたとか、いないとか。

二つ目は、本に触れることができないこと。

勤めてからこれまで、日常的に本に触れていた。選書地獄に落ちる前、つまり「現世」の僕の担当は、文芸書、人文書、ビジネス書、新書、一般書など。毎日七時過ぎに出社して雑誌を運び入れ、九時の開店に間に合うよう数人で手分けをして、雑誌を並べ終えるという業務を繰り返していた。

開店した後は、書籍の新刊を担当者ごとに仕分けし、数日前に発注して入荷してきた商品をこれまた担当者ごとに仕分けする。自分の担当する分野の新刊と、売れ筋の注文品でもって「昨日の売り場」から「今日の売り場」へと少しずつ店を変えてゆく。とても根気のいる作業である。これらは、客入りの最初のピークである正午前に終わらせないといけない。

正午から午後一時までは、事務作業をこなしながらお客さんの問い合わせに備える。その後の一時間の休憩から戻ると、残りの注文品を売り場に補充しながら微調整し、同時に返品するものを段ボールに詰めながら一定量になったらひもで縛って返品伝票を書く。その作業が終わると、売り上げデータをチェックしながら発注作業、その合間にレジにも立つ。夕方に下校する学生たちの訪れを境に、売り上げはその日一番のピークを迎える。

遅番の時は雑誌の品出しがないかわりに、客注品の入荷連絡と閉店作業が加わる。何が入ってきて何が出ていったのか、どの場所で何がどのように売れているのかを体で覚えていたのだったが、地獄の入口に立った時からその感覚が失われるとともに、選書している一カ月半の間に出版された本の知識がごっそり抜け落ちてしまった。

フェザン店との差別化

三つ目は、腰痛である。

動くことが少なくなったうえに、五時間ぶっ通しで例のイスに座ることを、昼休憩を挟んで一日二セット。これを腰痛養成ギプス、もしくは腰痛トラの穴と言わずなんと言おう。僕も多くの書店人同様「ガラスの腰」の持ち主なので、このひと月半に及ぶ「石抱きの拷問」

のような沙汰により、地獄の鬼の覚えめでたく「Ｇｏ ｔｏ ヘルニア」となった。

ただでさえ書店員の大半は、重い荷物の上げ下ろしによって腰に爆弾をかかえている。加えて、本を二〇冊ぐらい重ねて片方の腕と体で挟むようにして持ち運ぶことを続けていると、自然と肩が内側へと入っていき猫背になる。さらには、絶えず平台に目を光らせるという癖がつくと、目線を下げるために首が前に出てくる。これに腰をかばいながら歩く姿を併せると、歴史の教科書に描かれた類人猿のようだ。だから、街中を歩いていても書店員はすぐにそれとわかるだろう。ジョジョ立ちならぬアウストラロピテクス立ちの人を見かけたら、この質問を投げかけてみよう。「おたく帳合どこ？」と。

四つ目が、本を読む時間が捻出できないこと。

選書をしている期間中は、おおげさでなく家には寝に帰るだけだった。しかも睡眠中も選書している夢を見る。だんだんと夢か現か判断がつかなくなり、次第に曜日の感覚がなくなって、ついには日付の概念さえ失われていった。

スナイパーがスコープを覗くように、締め切りとして設定された四月一〇日（開店の約一カ月前）だけを見据えて、十字の真ん中以外のものが見えなくなる。意識的に脳に刻みつけなければ、その日にあったことも覚えていることが難しい。過度のストレスからか、締め切りがせまるにつれて貧乏ゆすりが止められなくなった。耳元ではＡＳＫＡが「これからそいつを殴りに行こうか？」と囁く。そいつが誰かわからないまま、頷きそうになる。危険なゾーンに突入していた。

五つ目が、フェザン店との差別化だ。

現場を離れて、客観的に見るさわや書店フェザン店は、やはりすごい。この店も開店当時はフラットな、いわゆる普通の店だったのに、お客さんに合わせながらも主張を捨てることなく進化を続け、その結果としていまのフェザン店はできた。気が遠くなるほど積み重ねられた「妥協なき日々」を思うと、あらためて頭が下がる思いだ。その一員であったことも忘れ、「負けるもんか」と勝気な思いが込み上げてくるが、スタッフの能力差は歴然である。ORIORIのスタッフは、書店経験者採用はしないと決めていたのでそれも当然であるが、フェザン店で一緒に働いていた「仲間」のスキルの高さを思わずにはいられない。

自分がいままでいかに恵まれた店で働かせてもらっていたのかを痛感する。決して大きな店舗ではないが、「本を売る偏差値」で考えたらフェザン店は全国屈指であった。たとえばORIORIで、『思考の整理学』や「文庫X」のようなヒットを飛ばすことはできるだろうか。努力を怠るつもりはないが、蓄積がないぶん確実にハンデを背負う。そのフェザン店をライバルとして、これから戦わねばならない。

通常は後に出店するほうが有利なはずである。後出しじゃんけんと同じ理屈だ。敵の出方を窺ってから、出す手を決められるので有利なのである。だが、フェザン店くらいの強敵となると、逆にこちらの手が限定される事態に陥る。グーとチョキを出す権利を敵に抑えられて行う「限定じゃんけん」のようなもので、こちらはパーしか出せない。選択の余地がない。カイジに扮する藤原竜也の姿と、「ざわざわ」という周囲の喧騒が耳元に聞こえてきたあたりで、選書の苦しみはいつしかフェザン店への憎しみへと変わっていった。ORIORIでフェザン店の「ネガティブキャンペーン」を始めそうな自分が怖い。もし店頭で、フェザン店の悪口をPOPにしたためていたとしても、見て見ぬふりをしていただきたい。

〈選ぶ〉ことは〈偉ぶる〉ことか

六つ目は、選書データの作成だ。

選書データとは、卸会社である取次会社（また取次会社を通して出版社）に「開店時にこういう本を入れて欲しい」とお願いするために、本の書名やISBNなどの基本書誌情報をまとめたものである。本屋に行くと数えきれない数の本が並んでいるが、あれらは誰かの「意思」によって選ばれた本だ。書店のなかには、その労力をすべて取次会社に丸投げして開店するところもあるというが、さわや書店では必ずすべての本を自分たちで選ぶ。

僕は二〇一四年に開店した「さわや書店イオン釜石店」の選書にも関わったのだが、当時提出したのは、「Word」でISBNコードと書名を手打ちしたデータだった。なぜ「Word」というこの作業にそぐわないソフトで、苦心惨憺して提出しなければならないのかと思った記憶があるので間違いない。そして、今回も同様だろうと暗い気持ちで作業に取りかかったら、締め切りの一〇日前になって「Excel」で提出してくれなきゃ困るという通達を受けた。弁護士に「勝てるから」と説得されて、意に沿わぬ法廷戦術に従った挙句、逆転敗訴した気分を疑似体験する。取次の現担当者から、当時の担当者（弁護士役）に確認してもらったところ「提出はExcelだった」との回答を得た。閻魔様もびっくりの二枚舌だ。当時一緒に選書を担当した他のメンバーと記憶を確かめ合ったが、「Wordに間違いない」という証言で一致した。結局、互いに証拠品の提出には至らず、判決はうやむやになってしまった。

ぜひ今度、ASKAを連れて彼の元を訪れようと思っている。だが、その前にやらなければならないことがあった。その日、東京からたまたま里帰りしていたチャゲ……じゃなかった、姉に手伝ってもらい夜通しで、ファイル形式を変更したことを付記しておく。

七つ目は、選書以外の新店準備だ。

もはや、俎板の上のコイであることを自覚しハラを括ったはいいが、同時進行でやらなければならないことがヤマほどあった。新店舗のハード面である設計、什器に関しては田口さんが受け持ってくれたのだが、同席すべき打ち合わせは多々あった。その他に、アルバイトの面接、イベントの打ち合わせ、サインやデザインの打ち合わせ、夜のお付き合いなど、それらに顔を出すごとにタイムリミットまでの時間は削られていった。何も予定がない日には七時過ぎに出社して、二二時まで一心不乱に本を選び続けた。

しばらくすると、本を選定しているという選別者の優越が勝り、次第に嗜虐的な気持ちが

上）開店に向けて入荷した本
ダンボール1454個
（雑誌358個、書籍1096個）

下）スタッフ総出で棚詰めの作業

増してきたりして、きっと「選ぶ」と「偉ぶる」の語源は同じに違いないなどと根拠のない自説に確信を深めながら、何とか四月一〇日の提出日を迎え、無事提出と相成った。もはやこの時点でくたくたに疲れていた。

しかし、最後の八つ目である。

もしかしたら自分は、地獄の責め苦を耐え忍んで解放されたのかもしれないと、それまでの地獄の日々を思い返しながら、おそるおそる顔を上げてあたりを見回す。鬼の姿はない。よし。シャバに戻って真人間となり、もう一度この世の中を信じてみようかと思った矢先に、取次の担当者から「選書の冊数が全然足りない」と告げられた。

釈迦の気まぐれによって垂らされた蜘蛛の糸が、ぷつりと音を立てて切れた気がした。持ち上げて落とす。血反吐を撒き散らしながら、苦労して選んだ冊数はおよそ一万六〇〇〇冊。試算の半分ほどにしかならなかった。棚段数を綿密に計算して、そこに入る冊数を数えながらやったにもかかわらず、出版社の在庫切れや出庫調整（出版社の在庫状況や意向で書店の注文した冊数を満数で出荷しない、できないこと）で予想よりも減ることがある。残りの金額は平積み分とフェア分だ。だが、それにしても少ない。

責任はすべて僕にある。たぶん、一日ぶっ通しで選書している状況だと、選ぶ側の神経が持たないのだ。ORIORIには「CD・DVD売り場」と「文具・雑貨売り場」、そして「パソコン教室」が併設されるため、本の売り場面積は抑えめであるが、つまりは、もう一度あれを、あの地獄の日々を過ごせとおっしゃる？　腰がガラスでできた、このアウストラロピテクスに？

「そいつぁ、もうKORI GORIだ」

長い、長いトンネルを抜けた先の風景は、やわらかな春の光あふれる天国だと思っていたのだが、真冬に逆戻りだったとは。春はまだまだ遠いようである。そう思いながらひとりごちる。おれはひとりの修羅なのだ。

5　開店してわかること――雑誌とコミックの構成比

開店二週間を迎えて

二〇一七年五月一九日。「ORIORI produced by さわや書店」は何とか開店にこぎつけた。開店後、たくさんの方にご来店いただき、お話しする機会を得た。普段の僕なら「こんな店ですが、よかったら見ていってください」などというところなのだが、今回ばかりはその言葉を吐けなかった。様々な局面でそれぞれに苦労と困難が立ちはだかり、その度ごとに出版社、取次、施工業者、フェザン店のスタッフなど、本当に多くの方々に力を貸していただいて何とか乗り越えることができたから、「こんな店」なんてたとえ謙遜や卑下であっても言いたくないと思ったのだ。お力を貸してくださった方々に、この場を借りて心より御礼を申し上げたい。この感謝の気持ちを忘れないでいようと思う。

そんなこんなで二週間が経った頃。その短期間に五つのイベントをこなし、ORIORIでの日々は「日常」となりつつあった。もはや開店に至るまでの日々は遠い昔のようだが、開店したからこそ悩み、考えることがあった。それは「雑誌」と「コミック」に関する話だ。

近年、店頭での売り上げが大きく落ち込んでいるのが、この二ジャンルである。現在進行形で下がり続けており、歯止めが利かない状態だ。だが、本屋の日々の売り上げを一〇〇とすると、雑誌もコミックも売り上げに占める割合はいまだ大きい。

ORIORIの店頭の様子

たとえば、駅ナカのフェザン店では、先の二ジャンルを合わせた売り上げ比率は四〇パーセントほどにも上る。売り場面積に占める割合も同じく四〇パーセントくらいだろう。比率としては、他店よりも高いのではないだろうか。

その要因として、新幹線車内での「時間つぶしのため」ということが挙げられるだろう。

とくに東北新幹線はトンネルが多いから、車中でスマホやパソコンの通信がたびたび途切れる。バッテリーの消耗も激しい。それを心得ている一部の乗客たちが、車内に本を持ち込むのだ。東京まで二時間二〇分という時間もいい。週刊誌や五、六巻あるコミックはもちろんのこと、うすい文庫本なら一冊読めてしまう。

一方で、盛岡駅発着の在来線に乗ると、首都圏と同様に本を読んでいる人はほとんどいない。やはり長距離移動の時間つぶしとして、売り上げが支えられている部分があるのではないかと感じる。トンネル内の電波状況もいつかは改善されるのだろうが、その日がなるべくなら来ないことを願っている。でも、技術の革新の波は加速度的に勢いを増しているから、もしかしたらすぐそこの未来かもしれない。

コミックと雑誌に売り場を割かなかった理由

ORIORIでは、先の二ジャンルにあまり売り場を割いていない。具体的な売り場面積をここに記すことはしないが、全売り場面積に占める比率としては、あわせて二割ほどだろうか。いや、もしかしたらもうちょっと少ないかもしれない。

なぜか。なぜでしょう。

もったいぶるようだが、それはごくごく当然の理由による。設計の図面が上がってきた直後に、店内にジャンルを配する線引きをした。その時に「立地」について、ああでもないこうでもないと考えに考えた。盛岡駅ビルの三階。最上階の北のどん詰まりに出店したORIORI。改札からは遠い。新幹線に乗る人がふらりと訪れる場所ではない。一、二階はファッションフロアであり、地元の若い女性客がメインとなるだろう……。観光客をあてにできず、女性客がメインターゲットとなれば、雑誌における本屋との接点は「女性ファッション誌」である。単純だが、それしか思いつかなかった。はたして、女性客向けの雑誌をメインとした、こぢんまりとした雑誌売り場が完成しオープン日を迎えた。我々はそれが正解だと信じて疑わなかった。実際にふたを開けてみて間違いに気づくのであるが、そのことはもう少し先に述べる。

他方、コミックの売り場面積が小さいのは消極的な理由による。既存のフェザン店の売り場以上のものを作るためには、店の半分以上をコミック売り場にしなければならなかった。ウェブ端末でコミックを読む、ネットカフェで読む、コミックレンタルを利用するという人が増え続けるなかで、店の半分以上をコミック売り場で構成することは、暴挙以外の何ものでもない。しかもそんなことをしたら、さわや書店フェザン店と売り上げを食い合うことになる。それでは「同じ館内に二店舗目」を出店した意味が薄れてしまう。

では、どうすればよいかと考えた結果、新刊以外のコミックの棚を「太田出版」と「ビームコミックス」で埋め尽くし、アメコミをグッズとともに売り場に並べた。

なぜか。なぜでしょう。これについては、一段上のコミック好き、コレクターやマニアだったら現物の購入に至るのではないかとの見込みがあったからだ。しかし、開店してみて予想以上に厳しい戦いを強いられている。

そして、どうしようかと頭を抱えながら今日も一日が終わる。

コンビニのプリンに見つけたヒント

夜更け近くまで仕事をした帰り道。ふらふらと自転車を漕ぎながら、そのまま家に帰る気分にもなれず、帰路の途中にあるコンビニへとハンドルを向ける。開店してからそんな悪い癖がついた。

仕事中は手にとる暇もない雑誌を、何冊かパラパラとやって棚に戻した後、店内を一周して買いたいものなどないことに気がつく。身も心も疲れてはいるが、家に帰ってもどうせ眠れやしないだろう。寝酒にと発泡酒を手にとってレジに向かいかけ、踵をかえして意味なく店内をもう一周する。僕以外のお客さんはいない。いつもなら素通りするスイーツコーナーで立ち止まったのは、見慣れないものが視界のすみに入り、気にかかったからだった。

子どもが砂場で遊ぶ、小さなバケツほどはあろうかというビッグサイズのプリン。その存在感に思わず手を伸ばして、持ち上げながらその重量に「へぇー」という間抜けな声が口から漏れた。このプリンが僕の食道を通って、胃にすべりおちることを想像する。うまさより先に量の多さへと意識がおよび、腹の底のあたりが重くなってヒヤリと冷たくなった。

大きなプリンでも小さなプリンでも、プリンの底のカラメルの比率は変わらない。これは黄金律なのだろうか。ORIORIの売り場の構成比を決めつけで行ってしまった自分に、急に自信が持てなくなる。プリンの大小にばかり目がいき、そのことに気づけていなかったのではないだろうか。カラメルが少なすぎると、おいしさは損なわれてしまうのかもしれない。

結局、大きなプリンをもとの棚へと戻し、隣にあった小さなプリンを買った。いや、小さなというのは正しくない。普通のプリンだ。大きなプリンが隣にあるから、小さく感じられてしまうが普通のプリン。発泡酒とプリンというミスマッチな中身のビニール袋を下げ、自転車をおしながら考える。チェーンが空回りする「チッチチッチッチ」とも「カッカカッカ」ともつかない音が夜道に響く。考え事をするときは、いつも歩くことにしている。

書店の売り上げにおけるスタンダードなジャンル比率。これを変えてはいけなかったのかもしれない問題。プリンによってもたらされたその命題を、思考を拒否しようとする頭に鞭を打って考える。雑誌とコミックは、はたしてプリンのカラメルのような存在だったのだろうか。プリンをすくうと最後に現れる、砂糖を煮詰めたとびきり甘い黒褐色。そのカラメルを求めて、人はプリンを手にとるのだろうか。いや、カラメルは十分条件であって必要条件ではないはずだ。カラメルがないプリンだってある。たとえば、焼きプリンの底にカラメルはあっただろうか……あったかもしれない。なめらかプリンは「なめらかさ」自体が売りだから、カラメルの有無にお客さんの意識は向いていない。よし、いいぞいいぞ、などと、従来のプリンの形にとらわれない新しいプリンを列挙していると、だんだんと家が近づいてきた。あ、そうだ。プリンアラモードがあるじゃないか、生クリームとフルーツをそえてカラメルの存在感をしのぐ興奮を演出してやればいい……そんな僕の頭のなかの考えにダメ出しするかのように、自転車がチッチッチッチと耳障りな音を立てる。

本屋において「何でも置いてあること」は、もはや武器ではない

女性ファッション誌は売れなかった。いや、女性ファッション誌すら売れなかったと言ったほうが正しい。ファッションビルを訪れるいまどきの若い女性客は、ファッション誌を買ったことがない人も多いのだという。アルバイトの若い女の子に聞くと、「インスタでお気に入りの人のファッションをチェックすればよくないですか？　渡辺直美とかチョーかわいいし」と早口で捲し立てられた。どこで息継ぎをしているのか。そんな早口の彼女は痩せていて、渡辺直美のファッションが参考になるとも思えないのだが、聞いてもいないことをまだしゃべり続けることに忙しい彼女に、余計なことは言わないでおいた。

とかく現在の若い女の子たちは、自分の興味ある対象をチェックするだけで事が足りてしまうようである。聞いた話を要約すると、女性ファッション誌は余計な情報量が多く、読む時間がもったいないとまで言う。また、最近の大学生を観察しているとみんな信じられない

くらいお金を持っていない。親世代の所得が減っており、学費を払うと日々の生活費まで仕送りする余裕がないのだと最近のニュースで見た。たしか平均で一日に使えるお金は八〇〇円くらいだったと思う。化粧品と美容院代は不可欠な支出だから、服にお金をかけていられないという。プチプラコーデは求められ誕生したのだなあと納得する。必要は発明の母。

はじめて持った端末がスマホだという彼女たちの世代は、興味ある事柄だけを検索して、ピンポイントでピックアップするというスタンスで、すべての物事に対処しようとする。それが僕らテレビ世代との大きな違いだ。興味を持つに至る間口が極端に狭い。彼女たちにとって興味のないことは「ない」ことと一緒なのである。しかもスマホのなかの世界では、欲しい情報が無料で提供されているのだ。女性誌が売れなくなるわけだ。

事ここに至って、二〇〇五年に出版された『専門馬鹿と馬鹿専門』なだいなだ（筑摩書房）という本を思い出した。つむじ曲がりの精神科医を自認する著者が、文部科学省の専門的な人間ばかりを輩出する教育プログラムに突っ込みまくるという本。小売りで働く者の立場から言わせてもらうと、専門家的思考の人間が多くなると消費は下がり、経済は悪化するような気がしている。そんな特性を有する、いまの若い世代に向けて僕らは商売をしていかなくてはならないのだ（余談だが、なぜ金がないのに若い子たちはスタバに行くのだろう。スタバ専門の評論家に需要などないと思うのだが）。

本屋において「何でも置いてあること」は、もはや武器ではない。物量で勝負しようとすると、おのずと分類法が必要となる。系統立った分類法は人を安心させ、探しやすさや記憶のしやすさを助長するが、ネットがもたらした「検索」という名の革命によって、本屋において「何でも置いてあること」の価値は半減したといってよい。ピンポイントで目的の本を探すことに長けた彼女らにとっては、目的の本以外の本はたどり着くための邪魔でしかないのだ。本来、目的の本にたどり着くための分類法が、売り場をがんじがらめにしている。

ORIORIの開店時の雑誌売場では女性誌を充実させた

とくに全国チェーンの店舗においてそれは顕著だ。決まったオペレーションがなければ、本部からの遠隔操作ができないという理由はあれども、約束事、決め事が多いほど売り場は硬直化してしまう。

「自分たちが探しやすい売り場」がはたして正解なのだろうか。本来はお客さんを楽しませ、知的好奇心をくすぐり、財布のひもを緩ませる売り場に、定められた型などないはずだ。

書店が生き残る方法

だから僕は、複雑系を目指すべきだと考える。文脈棚ともまた違う。あえて分類を崩し、ジャンルの交雑を意識した「場所」を意識的に作らなければ本屋に人は呼べない。お客さんの常識を非常識でぶち壊すような、作った人の意思がそのままダイレクトに感じられるような売り場。それが即ち、個性的な店を作るということだ。どこに何があるか分からないけれど、このジャンルが強いよねという古書店のような新刊書店が増えてゆくべきだし、これから書店が書店として生き残る方法なのではないかと思う。

だからORIORIは「仮説」を立てた。雑誌とコミックは、もしかしたら「売れない」のではないか。駅ビルの三階のどん詰まりにわざわざ雑誌やコミックを買いに来るだろうか？　一階の便利な場所に「大きなプリン」であるさわや書店フェザン店があるというのに？　だから、これからの書店の未来を考えたときに、雑誌とコミックに依存しない戦い方を身につけておくべきだと考えた。雑誌とコミックの売り上げに依存しないビジネスモデルを確立してみよう、と。

雑誌とコミックをないものとして考え、自分たちの「これからの戦い方」と「ストロングポイント」によって、僕はORIORIの売り場を構成したつもりだ。だが悲しいかな、それがいまの苦悩につながっている。雑誌とコミック。カラメルのない貧相なプリンアラモードが、大きなプリンに勝てる日は訪れるのだろうか。

もしもの時のために、失敗したとみるや戦い方を変え、異なる強みを出すための準備をヘッジしておかなければならない。だが妙案はそう簡単に思いつかない。カラメルの比率を戻す？　クレープや大福のなかに入れちゃう？　いや、いっそのこと醤油でもかけてみようか？　プリン＋醤油＝ウニの味になるらしいから……じぇじぇじぇ。

第五章

〈さわや書店〉と〈本〉のこれから

1 「週刊文春」から学ぶこと

さわや書店での「週刊文春」の売れ行き

文藝春秋が発行する「週刊文春」が次々と世間へ話題を提供し一時代を築いた。「週刊文春」がスクープ対象とした人物を、徹底的に砲撃して撃墜する様子を表した造語「文春砲」なんていう言葉も定着している。さわや書店フェザン店は駅ビルにあるので、新幹線の車内で読むための需要から他店より週刊誌が売れるほうだと思うが、ここ数年の販売数はやはり全体的に下降気味だ。そのなかで一人気を吐く存在が「週刊文春」だといえる。

日本雑誌協会（雑協）によると、二〇一七年七月から九月の「週刊文春」の発行部数は約六四万部。ライバル紙の「週刊新潮」が約四三万部である。フェザン店の入荷数では「週刊文春」のほうが三倍も多いから、雑協の数字からすれば「週刊新潮」はむしろ健闘しているように思える。

現在の「週刊文春」の快進撃を支える屋台骨は、編集長の新谷学氏であろう。氏は地下鉄サリン事件があった一九九五年に「週刊文春」の記者に配属されて以来、二〇年以上も同誌に携わり続けているが、一九八九年の入社から一九九五年までは文藝春秋の発行する他の雑誌で編集をしていたという。

本屋で働く僕が接する出版社の人間は、営業担当の方々が主だ。彼らは商品化された、もしくは商品化される雑誌や書籍の情報をもたらしてくれる。近年は、読者に近い「売り場」の声を製作現場にフィードバックしようと、文芸の編集者が書店員とやり取りする機会も増えた。これは、どの業界でも行われているいわゆる「マーケティング」というやつだが、直接的に創作物に生かすことも目的のうちだ。その作品を俯瞰する「他者の眼（＝最初の読者）」を取り入れることで、物語をより立体的にしようという思惑がある。物語を生み出す作者と、進むべき道をコーチングしさらにそれを形のある雑誌、書籍にする編集者。並走しながらも役割は異なる。

一方、週刊誌の記者という仕事は、出版業界にあって特別なものであると、出版社の人々は口をそろえる。特に週刊誌の記者は、事実を積み重ねることで文脈を組み立てなければならない。出版社で記者を経験したある方と話したとき「体力と気力の限界を超えてからが本当の勝負」と遠い目をしながら語る姿に、現場の苛酷さが垣間見えた。

一定の成果を得るまでいつ掲載となるかは未定。仕事が終わる目途が立たないことが精神的につらく、家庭を犠牲にすることもしばしばだったという。加えて、情報が漏洩する危険を考慮して、家族にさえもどこで何をしているかを詳しく話せない。「ちょっと取材に行ってくる」と言い残して、一週間も家を空けることもざらのようだ。

他の雑誌編集から「週刊文春」に配属が換わり、新谷氏もいままでの「編集の常識」と「記者の常識」のズレに戸惑ったと推測する。記者は情報を得るためにネタ元を育て、固く閉じた人の口を割らせることを常とする。ネタ元からもたらされた情報を信じ、ウラを取って記事にしたとしても、ガセネタの可能性はゼロではない。人を信じることから始まりながら疑うことを生業とし、世間の好奇の目にさらされた取材対象からは蛇蝎《だかつ》のごとく嫌われ、それでもめげずに後を追う。まるで売れない演歌の歌詞のようではないか。なんと特殊で因果な仕事だろう。

週刊誌の編集長は、そんなコブシを効かせる記者を束ねながら、同時に編集のトップとしての目線を持っていなければならない。誰でもできるというポジションではない。

一七年もの長きにわたり「週刊文春」の記者として第一線にいた新谷氏は、二〇一二年四月に編集長に就任する。そのわずか二カ月後の六月には「小沢一郎 妻からの『離縁状』全文公開」、「巨人原監督（当時）が元暴力団員に一億円払っていた!」などのスクープ記事を連発した。記者として活躍しながら、編集者としての資質も併せ持っていたというわけだ。

岩手ではとくに、小沢氏の号の反響はすごかった。すぐに売り切れとなってしまったため、週刊誌では異例ともいえる追加注文をしたが、その追加分すらもあっという間に完売したことを記憶している。

このように編集長として上々の船出をした新谷氏だったが、その後の航海は順風満帆だったかというと、そういうわけではない。

文春砲を支える硬派な哲学

二〇一五年の一〇月から一二月の三カ月間、新谷氏は会社から謹慎を命ぜられる。発表を鵜呑みにするなら「春画」を「週刊文春」に載せたことについて、編集上の配慮を欠いたことが理由だという。美術作品である春画を載せることを、老舗である文藝春秋社の上層部の美意識がよしとしなかったのだろうか。しかし、どうやら事はそう単純ではない。

二〇一五年一〇月八日号の電車の中吊り広告に対し、鉄道会社からクレームが入ったのだという。新谷氏のブログによれば「中吊りの該当部分は黒く塗りつぶされて掲示された」。まるで終戦直後の教科書のようではないか。その黒塗りされる前の広告が見られるのではと「zassi.net」というサイトを開いてみた。「週刊文春」の中吊り一覧から、件の中吊りを遡って探すこと一〇分ほど、該当の広告はさほど苦労することなく見つかった。そして結論からいうと、クレームが入ったというその中吊り広告は、拍子抜けとも言えるものだった。

中央右下の目立たない箇所に掲載された春画の広告は、全体の面積の割合で言うと五パーセント程度のもので、好事家でもない限り電車内で目にしても、ほとんど印象に残ることはないだろう。これのどこに問題があるのか。釈然としないものが残る。

とはいえ、広告主あっての雑誌である。新谷氏は甘んじて罰を受け入れたが、心に期すものがあったのだろう。復帰後の二〇一六年一月から、荒波に自船ごと突っ込むような怒濤の攻勢をかける。

「センテンススプリング」という異名を生み出したベッキーの不倫騒動にはじまり、ショーンK氏の経歴詐称、甘利明経済再生担当大臣（当時）の現金授受疑惑、巨人軍の現役選手の野球賭博、鳥越俊太郎氏の女性問題と、出るわ出るわ。二〇一六年はスクープの砲弾が降り注ぎ続けた。

しかし、すべてが特ダネ級ともいえるスクープのなかで、甘利大臣の疑惑をすっぱ抜いた「取材方法」は唯一、毛色が異なるように思える。ネタ元である一色武氏と協力して取材をすすめ、現金の授受の一部始終を撮影、録音して記事にするという「おとり捜査」のような手順を踏んだスクープ。週刊誌側から積極的にスクープに仕立て上げる手法は、露骨に罠に嵌めてやろうという意図が透けて見える。

なぜか。その謎を解くカギは、甘利氏が金銭を授受し、口利きをしたと報じられた組織「UR（都市再生機構）」にあるのではないか。URは政府系組織という圧倒的な立場を利用して、いわゆる開発業務を行っており、幹部の多くは国土交通省などからの天下りで占められている。これは「週刊文春」用語でいうファクト（事実）だ。そして次からは僕の推測。

先の新谷氏の謹慎が、一部鉄道会社から電車内の中吊り広告に対してクレームが入ったことに端を発したことを併せて考えると、水面下において、管轄官庁と「週刊文春」のバトルがあったのではないか。国土交通省は鉄道会社の監督省庁であるから、どこかの時点で触れられたくない事実を摑んだ「週刊文春」を牽制するために、広告にクレームをつけたという構図は考えられないだろうか。

昨今、権力を持つ側からの報道への圧力が大きくなったといわれている。告発型ジャーナリズムである週刊誌に対し、自分たちの「痛いハラ」を探られないよう、規制へと向かう動きが加速しているらしい。そのあたりは『新版　裁判官が日本を滅ぼす』門田隆将（WAC BUNKO）に詳しいので、興味のある方はお読みいただきたい。

先の広告の件もそうだが、記事を告訴された際の裁判における賠償金の増加は、つねに訴訟を抱えながら社会に対して告発を続ける週刊誌、またその発行元でいまや財務的に余裕があるとは言えなくなった出版社にとって、看過できない問題となっている。疑惑を、疑惑として糾弾する時、前述したように少しでも推測や私見を混ぜ込んで記事を書くと、訴訟を起こされるリスクを免れない。

硬派で鳴らした「週刊文春」が、芸能スキャンダルを多く扱うようになった背景には、決定的な場面を押さえることができ、大衆が興味を抱きやすく、雑誌の増売も見込めるからといった意味合いも大きい。

だから、甘利氏に対する一見無謀にも見える取材方法は、より一層違和感を際立たせる。

どちらが先なのかは知る由もないが、「週刊文春」に圧を強めてきたある権力に対し、手法はともかくとして、新谷氏は屈しないという意志を示してやり返したのではないか。

下世話なスクープで注目を集める一方で、権力に対しても物怖じせずに戦う「週刊文春」の姿勢は、週刊誌の草創期の哲学そのものでありながら、他誌が失いつつあるものかもしれない。

映画「FAKE」から感じた残酷さ

そんななか、映画「FAKE」を観た。

思えば佐村河内守氏の「ゴーストライター問題」をすっぱ抜いたのも、二〇一四年二月発売の「週刊文春」であった。耳に障害を持ちながら作曲をし、「現代のベートーヴェン」として交響曲を作り上げたことでメディアにもてはやされた佐村河内氏は、ゴーストライターであった新垣隆氏の突然の記者会見によって、一転してバッシングの矢面に立たされることになった。

目の障害についても、疑惑の目を向けられた佐村河内氏は退路を断たれ、釈明会見に臨むことを余儀なくされる。会見場へと姿を現した彼の風貌は、もはや我々が知るものではなかった。肩にかかるほど伸ばしていた髪は短く切り揃えられ、目に光が入ると症状が悪化するからと、保護目的でかけていたサングラスも外されていたのだ。

会見に臨むうえでの彼なりの誠意の表れとも思えたが、カメラの強いフラッシュにさらされてもまぶしそうなそぶりは見せず、その挙措は堂々としていた。それどころか、受け答えに開き直った様子が垣間見えたことで、世間から少なくない反感を買ってしまう。その日を境に、世論は新垣氏への同情の色合いを濃くしていった。バッシングによって世間から爪弾きにされ、人の目を忍んで暮らす佐村河内氏の「その後」を追ったドキュメンタリー映画、それが「FAKE」である。

この映画を撮影したのは、オウム真理教と社会のかかわりを捉えた映画「A」でも有名な森達也監督だ。二〇一四年のゴーストライター問題発覚から、それほどの時を経ずして佐村河内氏に密着。撮影に一年半もの期間を費やし、一本の映画として成立する着地点を探り当てて「FAKE」は完成した。正直に言って二〇一六年にこの映画を観るまで、佐村河内事件は僕の記憶の隅のほうへと追いやられていた。

風化しつつあったこの事件に、別の角度から光を照射させることで、新たな解釈を付与したというのが本映画の肝の部分である。だが、それは表向きの分かりやすい理由ではないだろうか。森氏の著作を読めば、そういった一面的な解釈を嫌い、真実の裏側にこだわる人であることがわかる。この映画に、森氏が込めた真意があるに違いない。

未鑑賞の人もいると思うので、内容に関してここで詳しく書くことはしない。ただ、一つ言っておくと、ラストは観る者によって色がそれぞれ変化するような「玉虫色」の決着を迎える。とても不思議な作りの映画である。そしてその決着に関して、観た者は否応なくある種の「判断」を迫られることになるだろう。そういった「判断」を迫られるという意味において僕は、日常生活ではなかなか経験できない残酷さをこの映画に感じた。

森監督は過去の映画や著作からもわかるように、物事をフラットに判断する目を提示してくれる稀有な人である。平等な目を持つ人であるがゆえ、再び表舞台へと立つことを佐村河内氏に提案したのだろうが、世間の皆がそのフェアさを有しているわけではないことを知りながら、佐村河内氏に出演を促したことは少々残酷ではなかったか。それとも僕のこの「同情」すらも森監督の狙いの一つだろうか。

「週刊文春」誌上で、佐村河内氏をペテンだとして糾弾したのは神山典士《こうやまのりお》氏である。神山氏はこの佐村河内問題によって、二〇一五年の雑誌ジャーナリズム賞大賞を受賞している。雑誌ジャーナリズム大賞とは、雑誌編集者の投票によって選ばれる、その年で最も優れた記事に贈られる栄誉ある賞である。二〇一三年には、前述の「小沢一郎　妻からの『離縁状』全文公開」によって、松田賢弥氏が同じく大賞を受賞している。

佐村河内問題をすっぱ抜いた神山氏の受賞の報に触れ、プレゼンターを引き受けた森監督は授賞式会場へと赴く。映画のなかでその様子は、しっかりとフィルムに収められている。しかし、当の神山氏は残念ながら欠席だった。

代理で登壇した文藝春秋の村井氏へと記念品を渡した森監督は、祝辞のためにマイクを握り「いま佐村河内氏を追ったドキュメンタリー映画を撮っています」と話し始める。その言葉が発せられた直後、会場からあがったのは聞くに堪えない下卑た笑い声だった。「ああ、あの例の」「わかっていますよ、大変ですね森監督も」「アッハッハッハ」というおう追従の笑い。特筆すべきは、彼らがジャーナリズムの最前線を支えている雑誌編集者および、その関係者ということである。

私たち一般人よりは、佐村河内氏について精度の高い情報を有しているだろうから、もしかしたら彼がペテン師であるという確証があるのかもしれない。だが、この映画の開始から森監督のフラットな目線を意識させられてきた私たち観客は、その会場に存在する磁力のような同調性が持つ、ある種の異様さを嗅ぎ取ってしまう。集団の醸し出す空気に流され、真偽や本質を自分で確かめることもせずに、与えられた情報をもって画一的なレッテルを貼り、横並びで鵜呑みにする姿。「クロ」と決められたものを、「シロ」かもしれないとは考えない。佐村河内氏を単なるペテン師だと決めつけて、深く考えることなく、その存在を異質なものとして切り捨てる。貶めて、みなで指差し、嗤う。

そこにあるのは、いつまでも耳に残る、他人事とは思えない笑い声だ。会の列席者の無自覚が、この映画を観る前の自分の姿と重なる。身につまされる場面。

情報の洪水での間違った自己防衛

同調性と共有。世間を支配するその色合いは年々増している。

二〇〇〇年代にネットの普及から生じた「情報ビッグバン」によって、新聞やテレビといったマスコミに集められ、管理されてきた「上意下達」の情報システムが変わった。

それまでは、情報を発信する「権利」を持っていたのは、テレビ、ラジオの他、紙媒体であれば新聞、雑誌、書籍などの限られたものだった。しかし、インターネットの普及により誰もが容易に情報の発信ができるようになると、その情報量は整理されないまま激増した。

いま「情報」の海にどっぷりと浸かる私たちは、何が本当であるのか判断がつかなくなっている。「真実を見抜く目を養わなければならない」と口にするのは簡単だが、「どうやって?」という疑問に対して、すぐに「こうすればよい」と道標を示せる人は少ないだろう。

判断がつかないことを、熟考するのは苦痛を伴う。だから自分が詳しくない分野や、どうでもいいことに対して簡単に「いいね」と同調し、波風を立てないゆるい賛成の意思を示すことで判断を保留しながら、集団からはみ出していないという安心感を得るのだ。しかし、それればかりではアイデンティティを確立できず、自分の個性が埋没してしまう。

その反動なのか、ネットが身近にある世代の承認欲求はすごい。彼らを注意深く観察すると、自分の知りたいものだけに触れ、特定分野における専門性を追求し、その知識のみをもって自身をアピールする〈限定的〉な人間が目につく。文学を例にするなら、「文豪」の外面的な情報に異様に詳しく、生年月日や種々のエピソードなど膨大な量を知悉しているのに、作品については未読、さらには作品自体を知らないといったことが挙げられる。極端なたとえだが、それが彼らにとっての個性なのだ。情報の入口を限定的にすることで、情報過多の状態から自己を防衛する本能的なものもあるのかもしれない。それもやり方の一つではある。

こういった〈限定的〉な流れは今後も続くだろう。彼らは個性を求めて、少数派と信じる方向へ集団で群れながら移動している。その矛盾に気づいているだろうか。

そんなご時世において、賢いなと感じる人は大概、多数派であることを恐れない。集団のなかにいることに自覚的であり、かつ自分がその集団のどこに位置するのかを冷静に把握している。そのなかで多くの人と交わり、間口を広くとって情報を収集して分析し、仮説を立てて活かす。これまた文学を例にするなら、国民的人気作家のベストセラーを読みながら、まったく違う切り口でその作品の文学論を語れるような人であろうか。そちらのほうが、よほど確立された「個」と言えるのではないだろうか。

さわや書店は「週刊文春」型か「週刊新潮」型か

じつは、そんな考えを持つに至ったのは「週刊文春」の編集部の形態を知ったからだ。「週刊文春」の編集部は約五〇から六〇人の大所帯で、そのうち四〇人ほどがスクープ取材にあたるらしい。毎週二〇〇本近く上がったネタのなかから、コレだというものをより深く取材し誌面を構成するという。スクープにかける情熱は疑いようもなく、他誌と比べてその存在感は段違いだ。二〇一三年から二〇一七年まで、「雑誌ジャーナリズム大賞」を五年連続「週刊文春」が受賞していることがその証左だろう。この原動力は一体どこから来るのか。「週刊文春」では、ネタを取ってきた取材記者自身が、実際に誌面に掲載される完成原稿までを書くという。なんでも自分でこなす専門家集団。これは鮮度を大切にし、勢いや臨場感を記事中へと活かす狙いがあるようだが、なんとなく世に増えてきた〈限定的〉な情報に詳しい人々と存在が重なる。

それに対してライバル誌「週刊新潮」では、取材記者（データマン）と記事を書くデスク（アンカーマン）が、分業制によって記事を仕上げるという。集めた情報をもとに、取材記者にデータ原稿を書かせ、それをもとにデスクが手を加えるという方式だ。デスクは元取材記者であるから、足りないデータを指摘することで、自分が培った記者に必要なノウハウを、次の世代へと教えることができる。組織の世代交代も視野に入れた非常に合理的なシステムである。

このシステムの方向性は、新潮社の天皇とも称された伝説の編集者・齋藤十一氏により定められたという。「週刊文春」よりも三年早い一九五六年に創刊し、週刊誌の始祖ともいわれる「週刊新潮」は、脈々と齋藤十一イズムを受け継いできた。最近でこそ「週刊文春」に押され気味の感はあるが、週刊誌のなかでもっとも多く政治家のクビを獲ったのが「週刊新潮」なのである。これは、記者から上がってきたデータを用いて、どのように対象者の急所をつけばよいかを熟知するデスクの「筆の力」による功績が大きいだろう。

「週刊文春」が、取材のスペシャリストを育てることに主眼を置くのに対して、「週刊新潮」はジェネラリストを育て、競わせることで組織を存続してゆこうという意図がみられる。「週刊文春」の昨今の躍進は、新谷氏のような「変異的なエリート」によって、野放図なイメージのある専門的記者集団を束ねられたことが要因の一つだろう。

週刊誌が青息吐息のいま、第三者的な立場から極論を言ってしまえば、「週刊新潮」の生え抜きジェネラリストに「週刊文春」の専門家集団を束ねさせ、何チームかに分けたうえで競わせれば最強ではないかとも思うが、そう単純にはいかない。何から何まで正反対に思える二誌が一緒になっても、同床異夢といった事態になりかねないことは容易に想像がつく。

いま、この時代を生きるためのスタンス。組織として、これからも存在を必要とされるためのレジスタンス。両誌の有り様は重なり、離れ、時にねじれる。

人を育て、組織を存続してゆく難しさ。

朝、雑誌売り場に入荷した「週刊文春」を並べながら、つらつらと考える。さわや書店は「週刊文春」型だろうか、それとも「週刊新潮」型だろうかと。

情報の取り方、仕入れ発注、売るための工夫、様々な準備、ＰＯＰの作成などは、各々のジャンル担当者に任されている。向き不向きや適性はあるが、それぞれ得意なジャンルがうまくばらけているゆえ、その力をいかんなく発揮してくれている。売り場における一年の業務サイクルも身についているから、最大値に近い売り上げを狙って取ることができる。だから受け持っている担当者は、現状なかなか替えが利かない。スペシャリストとして力を十二分に発揮している。だが、そこには落とし穴がある――。

個々が培ったノウハウというのは最終的にはその個人のもので、個人から個人へと受け継がれなければ存続してゆかない。そして受け継ぐ場としての組織が無くなってしまうと、個人間のノウハウも継承されることなく、無形の財産である技術はすべて途絶えてしまう。だからスペシャリストになり切れない自分が、組織に貢献できることがあるとしたら、フラットな目を養う努力を怠らず、個々の担当者のノウハウの継承を助長することだろう。

「週刊文春」編集長の新谷氏を目指してこれからも日々精進しよう。

そう結論付けたところで、働き者の雑誌担当者から声が飛ぶ。

「松本さん、突っ立ってないで動いてください！」

……すみません。先のことを考えたら、少々ふらっとしたもので。

2　本屋とメディア

「努力」で本は売れるか？

「努力」とは「このままじゃダメだ」と不安や不満を抱えている人がするもので、現状に満足している人がするものじゃない。ということは、過去の自分の行いや成果に充足感を得ず、むしろ積極的に否定することからしか努力は生まれないということだ。漫然とした努力なんて存在しない。努力とは、努力することを自覚してはじめて、その存在を認識される。

え？　継続は力なりという言葉があるように、何かを続けることは努力じゃないかって？　いや、それはもはや努力とは言えない。それは単なる「日常」だ。

書店とメディアの関係性について、最近よく考える。この関係を昨今の業界動向に照らし合わせてみると、まず語るべきことの一つとして、書店そのものがメディアの役割を担うような新しい取り組みが目につく。本を媒介としたイベント、講座などの催しに積極的に取り組む書店だ。本を売ること「以外」からも収益を得て、書店を経営していこうという考え方。

出版社にまだ体力が残っていた二〇〇〇年代には、出版社、取次、書店のそれぞれの取り分＝「業界全体の利益構造」を変えるべきだという言説が幅を利かせていた。地方の書店経営者のなかには恥ずかしげもなく、いまだこのお題目を唱え続けている人がいる。それらの方々には、どうぞお題目を唱え続けたまま極楽を夢見て往生して欲しいと思う。チーン。

そんな他力本願では書店がレッドデータブックに載ってしまうと、自力本願の道を歩み出した書店が、先に挙げたモデルを実践している。いっそのこと、レッドデータブックに載せればいいのにね、書店を。あ、実際に掲載される事態に陥ったら、そのレッドデータブックを売る場所がないのか。ネット書店以外に。

閑話休題。尻すぼみとなった利益構造改変論から時を経て、いま現在の書店において本だけで利益を上げるのは、正直に言って難しくなってきている。なぜだろう。雑誌が売れなくなって、コミックが売れなくなって、実用書のハウツーもネットに無料でアップされるようになって、不景気でビジネス書が売れなくなって、少子化で学習参考書も売れなくなって、余暇をスマホに取られて……理由はいくつでも思いつく。そんな逆風ばかりのなかで、「本屋 B&B」や「天狼院書店」に代表されるような、書店そのものをブランド化して体験や知的興奮をセットで売る取り組みは、正直すごいなぁと思う。

最初にそれをやろうとした発想力と行動力もそうだし、日常的にアイディアを出し続ける努力もそうだし、ファンのつけ方なんかは遠くから見ていて簡単に真似できるものではないなぁと尊敬する。書店＝メディアとして機能している好例であり、真似は出来ても誰でも維持していけるわけではないから価値がある。新しい書店の形としてお手本にしながら、どんどん発展型の書店が増えていって欲しいと思う、というのが「書店人」としての僕の考え。

書店員は根暗である

だけど、一方で「個人」としては、それとは逆の考えと消費行動をとってしまう。

書店で働く人は、基本的に「根暗」説を唱える僕は、前述ような濃い、作られたコミュニティ（＝発展型書店）に飛び込むのが苦手だ。興味のあるイベントや自分に必要と思える講座ですら、すすんで参加することを躊躇してしまう。思い切って参加したとしても、講師と参加者の間で既知の関係なんかを匂わされたりすると、めちゃくちゃ白けてしまうのだ。「何とかさんはどう思います？　前回の講義の後にお茶したときに言っていたアレですよ、ホラ」とか始まりかねないコミュニティは、僕にはハードルが高すぎるのだ。この感覚を理解してくれる人は少なくないと思うのだが、ワレワレは互いに交わらないから、世間では単なるへそ曲がりで片づけられてしまう。

え？　人生の半分を損している？　いや、丸々全部損している自覚がある。いまこの原稿をド○ールで書いているのも、こだわりのスピーカーが取り付けられたオサレなカフェで、音楽に詳しい店主とユーモラスな会話をする気力やセンスを、持ち合わせていないからだ。そういうふうに、自らの心を育ててきてしまったのだろう。

でも、だからこそ本に生き方の答えを求め、本を読み続けることで、人生における損と折り合いをつけてきたのだと自分を慰めている。書店で働く人のなかで、そういう人は案外多いのではないだろうか。でも、どこの業界でも脚光を浴びるのは、上手に自己アピールができてフレンドリーな、いわゆるコミュニケーション能力上位な人が多い。ちなみに僕はコミュ力下位だが、ファミ力は高い。ファミ力とはもちろん、懐かしのファミリーコンピュータ ーの能力のことである。スーパーマリオブラザーズの「マイナス1」面の行き方を知ってたりするぐらい能力上位だ。

だから、僕は自らの経験と照らし合わせて、本屋における「敷居の低さ」のようなものを積極的に維持したいと考えている。自分自身がそうだから、独りの人が集う場所としての本屋をなくしたくない。巷間に交わる道を避け、道なき道を歩く人たちが集まりやすい場所。個人が自分の内面と向き合う場所としてある本屋。

じゃあ、利益はどうやってあげるの? と問われたら困ってしまうけれど、もう一つのメディアの形を模索したい。前時代的かもしれない。練りに練られた自説を語るというわけでもない。それでも少しは興味があるという方だけ、この先をお読みいただければと思う。

ラジオ番組にレギュラー出演すること

地元IBC岩手放送のラジオ番組「朝からRADIO」に出演している。

毎週木曜日、朝一〇時一五分から始まるコーナーに月に一度のペースで。もう六年ほどになる。毎度、スタジオにお邪魔して収録に臨む。伊藤清彦・元さわや書店本店店長の偉大なる功績を引き継ぐ形で、さわや書店がやらせてもらっているのだ。

僕が出演するようになった契機は、田口さんからのパワハラである。初出演の数日前、一緒に飲みに行った時の「松本さんはやらなきゃダメでしょ！」という一言で決まった。精いっぱいの抵抗の後、「月イチならば」との条件付きで了承したのは、大部分は圧力に屈したからだが、残りの少しの部分で現状を変えたいという気持ちが働いたからだった。

はじめて録音スタジオを訪れた時、分厚い扉で仕切られた録音スタジオの前室で、長老みたいなおじさんに、「ゆっくりしゃべること」「アナウンサーと会話している感じを大切に」「これだけは伝えたいというものを持って臨む」とのアドバイスを授けられ、律儀にノートの一ページ目にしっかりとメモを取った。

出演し始めた頃はそのアドバイスも活かせず、本番中に頭が真っ白になることも度々で、「自分でも何を言っているのか分からないです」状態だった。放送事故になるのではないかと、悪い想像ばかりが頭をよぎって、ノートの見開きにびっしりと文字を埋め尽くして生放送に臨んでいた。収録のある週は月曜日から憂鬱で仕方なかった。

二冊目のノートにも長老のアドバイスは書き写したが、四年目にノートが三冊目に突入したあたりで、書き写さなくても大丈夫になった。四冊目のいまのノートは、文字で埋め尽くされることはなくなり、メモ書き程度で臨むことがほとんどだ。本番前にはそれなりに緊張するが、当初のうしろ向きの感情はなくなっていった。それは、本が売れなくなっていっている現実と無関係ではなく、きっと作品のよさを伝えなければという使命感のほうが大きくなっているせいだと思う。

リスナーに興味を持っていただくために、機会があれば著者にもご出演いただいている。出版社の営業担当が「これは売りたい」という本がある時には、スタジオにお呼びして思いのたけを喋ってもらったりもする。足代をこちらで負担しているわけではないので偉そうなことは言えないのだが、岩手に用事がある著者に対し、便乗する形で出演交渉をすることもしばしばだ。その後、ラジオから地元の新聞社の文化部へとつなぐという連係プレーも編み出して、いまではラジオ出演を目的に盛岡に来てくださる著者&編集者も増えた。それらの過程で学んだのは、作り手の熱量がアツいまま読者に伝わると本は売れてゆくということだ。

読者には出会った時が新刊

ある作品が人知れずどこかで生まれたとして、あるタイミングで編集者の目が入り、アドバイスが与えられ、多かれ少なかれ別種の熱量が作品に加えられる。この時点の熱量はおそらく最大値だ。

次にその作品を読むのは、編集者の上司だろうか。それとも校正者の手に渡り、誤字、脱字、事実などを確認されるのだろうか。同時進行で装丁家が、作品の表紙を作る際にイメージを膨らませるために読むかもしれない。次に営業担当者が読み、営業会議にかけられて、その本の出版部数を決めるという手順を踏むだろう。その後、広告部署の担当者なども読み、話題の作品は出版社内で多くの人の目に触れることになる。

次の段階で、その作品は出版社から外に飛び出す。「これは」という作品はプルーフを作成され、刊行前に書評家や書評欄を持つメディア関係者、書店員などの手に渡る。場合によっては、プルーフの配布は企画の初期段階になるかもしれない。それから書店に並べられた新刊を、一般の方は購入して読むこととなる。ここまでの過程で、熱量が加えられていけばよいのだが、そういう作品は非常にまれだ。村上春樹の新刊が出るたびにお祭りになるように、熱心な多くのファンがついている作家ならば書店が手をかけなくても過熱するが、ほとんどの作品は著者&編集者コンビの手を離れた瞬間から、熱量は冷めていってしまう。

読者目線に立つと、作品に出会う瞬間とはその作品を「知った時」だ。つまりは出会った時が「新刊」なのである。創作側がいくら良い作品を書いたとしても、知られなければ売れないし、読まれることはない。何より重要なのは、未知を既知に変える「接点」である。「接点」とは、作品と読者とを媒介するもの。それはすなわち「メディア」という言葉に置き換えることができる。

本を買うことが「日常」の未来を作る

本を取り巻く状況は、いっそう厳しくなってゆくことが予想される。本屋に集まってもらうのではなく、自ら飛び込んでゆく。コミュ障でも、本を愛するならこの危機に立ち上がるべき時である。待つのではなく、アイディアを携えて売りに行く。一人一人が本の魅力を語り、情報を発信しながら顧客との関係を築く。自分がメディアとなる自覚。作り手の背景を積極的に発信する姿勢。

少し前の文豪ブームは、文豪の「生きざま」が受けたのだと思う。それならば、いまの書き手の背景まで読者に知ってもらったらどうだろう。コメンテーターやクイズ回答者ではなく文筆業に足場を置いたまま、よりタレント化する道はないものだろうか。そんなことを考えていたら、ひとつアイディアが浮かんだ。

テレビというメディアの力を借りることになるが、「Battle of Literature（文学バトル）」という番組はいかがだろう。各出版社の提供であれば可能なはずである。ある作家二人が、たとえば夏目漱石の『夢十夜』を題材にプレゼンし、バトル形式で闘うのだ。一方は、『夢十夜』のなかで「第三夜」が一番だと主張し、もう一方は「第九夜」が好きだという。第三夜における、書き手目線のすごいと思うポイントを挙げる作家に対し、もう一方の作家は、第九夜とベートーヴェンの「第九」の関係について語り始めた……。

プロの作り手が、自分なりの作品論と物語を読むときにどの部分に着目するかを明かしながら、ガチでプレゼンするバトルだ。略すとBLとなるから。その層（ボーイズラブ好きの層）を騙す……いや、取り込むためにも深夜枠がよいだろう。

いままで本に関する番組というと、単純な本の紹介や感想を伝える番組が主だったが、作家自身がバトルするのである。バトルの前に本のあらすじを紹介するVTRと、格闘技大会のような決戦前の「あおりＶＴＲ」を用いると、より面白さが増す。ビブリオバトルよりも深く本の内容に踏み込めるし、伝説の番組「料理の鉄人」のテイストも含んでいる。作り手がどういう意図を持って作品に目をとおし、生み出しているのかを知る機会にもなる。何より「熱」をダイレクトに感じてもらえるのではないか。

そこまで詳細に本の読み方、味わい方、作り方を丁寧すぎるくらい丁寧に示してやらないと、読書という行為に目を向けてくれないのではないかと僕は危機感を持っている。文学バトルが放映された翌日、取り上げられた本が書店で売り切れるぐらいじゃないと未来はない。テレビ業界関係者およびいくつかの版元さんで、このアイディアを実現してくれないかなぁ。あおりＶＴＲのナレーションぐらいだったら協力できる。いつもラジオでやっているような台本どおりの棒読みでよければ。

本を売ることを「努力」と捉える現状を変えるために、本を買うことが「日常」である未来を作りだすために僕らができることは、業界の外側から業界の内側を変えるアイディアを出し続けることではないだろうか。最近、そんなことを考える。

3　複合化する本屋

本だけ売っていては駄目

「書店の複合化が進んでいる」と業界では言われている。

本だけ売っていては駄目だという意見が大勢をしめる。事実、一九九六年をピークに書籍の推定販売額は右肩下がりだ。本は利益率がとても低い。一〇〇〇円の本が売れたとして、本屋には二〇〇円ほどの粗利が入る。だがそこから家賃、光熱費、人件費などの諸経費を引いていくと、せいぜい数十円ほどの純利益が残ればいいほうだ。

いま「本屋」という言葉を聞いて、頭に浮かぶイメージはどんなものだろうか。浮かんだイメージのなかの本屋には、きっと「本以外」の物があるのではないか。ここ十数年ほどの本屋の現場は、本以外の新しい商材を探す「試行錯誤」の繰り返しであったといってよい。その歴史を振り返ってみたい。

まずは文房具。

文房具は、僕が業界に入った二〇〇〇年初頭にはすでに多くの店で販売されていた。商圏の学生や勤め人の来店動機にもなり、資格書を筆頭に本との相性もよいため現在も設置店は多い。ネックなのはその多くが買い切り（返品できない）商品であるという点だ。

ほとんどの商品が返品できる本とは、仕入れ条件が正反対である。書店業界においては「取扱注意」という認識が、いまだ根強い。買い切りのリスクを負う割には、在庫として残ってしまうと利益がさほど取れるわけでもない。取引先にどこを選ぶかにもよるだろうが、純利益は一〇〇〇円の売値に対して百数十円ほどだろう。積極的に仕入れをしすぎると経営を圧迫しかねない、痛し痒しの商材である。

たとえて言うならいい奴なんだけど酒を飲むと暴れる、みたいな。台風に「ハリケーン・カトリーナ」とか友達みたいな名前をつけているのに、被害が甚大みたいな。

二〇〇〇年代も半ばとなって売り場面積は拡大しているのに、売り上げの減少に歯止めが利かない状況が続くとCDおよびDVDの販売やレンタル、続いて古本の買い取りおよび販売を手掛ける店が目立ってきた。いわゆる初期複合型書店だ。

これらレンタルCDおよびDVDは、利益の出し方が少々特殊だ。一枚当たりの「仕入れ値」を「レンタル代」で割った「回転率」を超えると、それ以降の「レンタル代」がそのまま利益となる。ヒット作が多ければよいが、回転率を超えない作品も一定数存在するだろう。最後はそれらを中古品として販売する。でかい箱に見合うだけの商材をぶっこむも、レンタル業界の値下げ合戦が勃発し、有効な施策とまではならなかった。

筋骨隆々でたくましい奴なんだけど、すぐ風邪をひくみたいな。ごついけど燃費が悪いアメ車みたいな。

二〇〇〇年代後半に入ると取次の担当者からレジ回り品を強化して「ついで買い」を誘発する商品（ワッフルなど）を提案されたこともあった。売り上げとしては微々たるもので、当時の手詰まり感が偲ばれる。

いつも真面目に勉強している奴なんだけど、テストの点数は伸びないみたいな。広大な米国の全五〇州の中で、面積最小のロードアイランド州みたいな。

書店でコミックなどの景品が当たる「くじ引き」などもあった。

席替えでたまたま隣になった奴みたいな。米留学におけるホームステイ先みたいな。

二〇一〇年代に入るとカフェの併設がしきりと叫ばれるようになる。昔では考えられないことだが、現在では店内の本を、併設されたカフェで読めるという形態の書店も珍しくない。

ルームシェアしている同居人みたいな。お湯で薄めたアメリカンコーヒーみたいな。

それらの時代を経て、いまのトレンドは雑貨を扱うことである。「購買客を店に」という発想以前に集客や居心地のいい空間づくりに重点が置かれ、本の売り場を狭めながら、本を読む人が少なくなったからしょうがないとの言い訳が口をついて出る。これら売り場の変遷を見ていくと、おおまかに言って利幅がより大きい商材へ次々と手を出していっていると言えよう。たとえなくともじつにアメリカ的発想だ。

本屋との相性がすこぶるいいものがある

　これらの流れを踏まえつつ、近い将来に書店の売り場で流行する複合商材を予想してみる。色々考えてみたが、一番はズバリ「不動産」である。

　現存する商材との組み合わせを考えると、本屋と不動産屋はすこぶる相性がいいものではないだろうか。盛岡駅にあるさわや書店フェザン店に勤めていると、毎年二月下旬と三月中旬の「ある日」、異様な光景を目にする。早朝の盛岡駅前に散らばって「何か」を配る一〇人ほどの人間を見かけるのだ。同じジャンパーに袖を通す怪しげな集団。

　突如わいて出たように見える彼らの正体とは……話の流れ的におわかりだろうが不動産屋（に雇われたアルバイト）である。「ある日」とは、年に一度の大学受験の日（前期と後期）。試験に受かった場合に予想される物件探しの際に必要となる広告を、受験生もしくはその親へと手渡しているのだ。これから受験に臨もうとする学生に対して、受験当日の朝にする所業ではないと僕は思うのだが、潜在的な顧客に対するアプローチとしては正しい。

　そして、その日の昼過ぎから、さわや書店フェザン店の店内は賑わいを見せる。遠方から来た学生とその親が、試験終了まで我慢していた欲望を解放してマンガを大量に買い込む。彼ら親子がほぼ必ず通る駅において、受験から解放されたタイミングに不動産の広告を渡されたとしたらどうだろう？　朝に渡された時は「邪魔なもの」かもしれないが、適切なタイミングで渡されたそれは、とても効果的なのではないかと僕は考える。

一角を不動産事務所、もしくは受付カウンターにしておいて、普段は不動産広告のチラシをお買い上げ客の袋へと忍ばせる。書店とは別会社にしておけば、不動産の契約成立時に手にする利益の中から「広告費」として書店へと利益を戻すことができる。つまり不動産屋の利益で、書店の経営をカバーするシステムである。もしくは「現状打破をしたい」と望む不動産屋を募って、店頭で広告の配布を請け負い、配布料を頂戴する。

これはすでに取り組んでいる書店もあるのではないだろうか。一枚当たり五円ほどで請け負ったとして、一日あたりの買い上げ客数が「一〇〇〇人」の店なら一日五〇〇〇円。一年間で一八〇万円の営業外収益は大きい。集客に自信があるがオファーがないという店は、自ら可能性のあるところへ話を持っていくのも一つの手かもしれない。

〈さわや不動産〉の実現性

二〇一五年に、増田寛也氏の『地方消滅』(中央公論新社)という本が新書大賞を受賞して話題をさらった。それ以来、人口減少予測に基づいた「地方消滅」の話題を耳にする機会が増えた。しかしその後、東京オリンピックの開催へ向けてカウントダウンが始まると、その問題はいったん棚上げとばかりに関心が急速にしぼんだ。首都圏では物件の需要が増しているが、地方まで波及することはないだろう。むしろ地方においては、物件の空き家率は深刻な問題となりつつある。二〇一三年のデータでは全国の空き家率は一三・五パーセントだが、あるデータでは二〇三三年頃には全国の空き家率は三〇パーセントを超えるとの予測もある。

先日、顔見知りのお客さんと不動産の話になった。そのお客さんは証券会社を定年退職し、盛岡の近郊に住んでいるというのだが、会話のなかで手持ちの不動産を処分したいと言っていた。とくに水を向けたわけでもないのにこういった話になるのは、書店の間口の広さゆえだろう。

思えば、書店の棚には「エンディングノート」や「終活」といったコーナーがある。人が死ぬときとは、すなわち資産を処分するとき。不動産事業をやっていれば、そういった相談にも乗ることが可能だろうし、弁護士や行政書士とパイプがあれば真摯に対応することもできる。紹介料をもらうというビジネスモデルも考えられる。書店の間口の広さ、敷居の低さは、より安心して住める地域を創出する一助として機能しないだろうかと。

書店の一角で不動産の仲介事業をし、町に貢献しながら商売を続ける。僕には組み合わせとして、とても魅力的に映るがどうだろう。

じつは僕は、働きながら趣味で宅建士の免許を取得していて、このビジネスモデルを試したくてしょうがないのだ。宅建士の正式名称は「宅地建物取引士」といい、不動産の売買や賃貸借などの契約時に、「重要事項を説明する」「書類、契約書等への記名押印」といった有資格者でなければできない業務がある。これをふまえて少し具体的に考えてみよう。

人件費を考えると書店員との兼業が理想だ。物件の問い合わせや契約の時間だけ応対して、他の時間は普通に書店で働いていればよい。ただし、不動産の仲介業には宅建士の免許が必要（従業員五人に一人免許を有しなければならない）である。「宅地建物取引業協会」という業界団体への加入料には各自治体によってバラつきがあるが、平均して六〇万円ほどかかり、会社設立費用に四〇万円ほどかかることを見込めば、一〇〇万円ほどで不動産併設書店を開業できる。

外商が強い書店であれば、賃貸契約が成立したあかつきには顧客に対して配達をサービスする特典をもって営業をかけることができるだろうし、店舗や事務所の賃貸契約においても同様に定期購読獲得のチャンスとなるだろう。お子さんが生まれて住宅の購入を考えている顧客がいたら、「お子様が成人するまで年額五万円（累計一〇〇万円）の書籍購入費をプレゼント」という企画なんかも提案できる。中古物件をリフォームして本棚をたくさん備えつけ販売するのもいいし、「第二の人生のスタートは書斎のある家」というコンセプトでリフォームを提案してもよい。

または、提携する出版社にプロデュースを依頼して遊び心満載の住宅など、ライフスタイルに合わせた提案をする。そうやって生活に密着し、本を併せた提案をし続けることができれば、リアル店舗の強みを活かしてネット書店に取って代われるかもしれない。

ということで、僕が考えた次に来る複合商材は「不動産」です。住宅方面の書籍を出版する版元さん、取次さん、書店の皆さんほか、興味のある方々のお問い合わせをお待ちしております。

4　趣味の〈読書〉と仕事の〈読書〉

月に読んでいる冊数

「読むこと」について書こうと思う。

僕が「自分で選んで読む本」と「仕事として読む本」との割合は半々ぐらいだ。年々労働時間は増えているのにもかかわらず、読むことに割く時間は以前より増えた。勤務日には、出社前にだいたい一時間三〇分、昼の休憩時間に一時間、家に帰ってきてから二時間。合計四時間三〇分ほどを読書に充てている。朝および昼に読む本と、夜に読む本とは違う本にするようにしており、つまり別々の本を同時進行で読むようにしている。たとえば、現在の「自分で選んで読む本」は『未来の年表』河合雅司（講談社現代新書）であり、「仕事として読む本」はNHK出版から今度出る翻訳ものだ。昔、なんかの本を読んだ時に、そのほうが脳に好影響を与えると書いてあった。その時、たまたまもう一つの本を同時進行で読んでいて、気をよくしたことが始まりである。

上記の時間とは別に細切れの時間も活用する。天気のいい日は歩きながら本を読むし、風呂につかりながら書評誌をチェックするし、車の運転中に信号待ちをしているときでさえ本を開く。べつに活字中毒というわけではない。他に時間の過ごし方を知らないだけだ。そして僕は、読むスピードが速いほうじゃないから、そうやって読書時間を積み重ねていかないと常人が読む量に追いつけない。ページ数にもよるので一概には言えないけれど、月に二〇冊～三〇冊ほどの本を読む。そして、読んだそばからほぼ忘れる。はからずも二冊同時に本を読むことが脳に良いという説を反証してしまっている。

最近ではありがたいことに、書評や文庫の解説を書かせていただくことも増え、再読する本については少し忘れづらくなった。その代わりと言っちゃなんだが、日々の予定をすっぽかす回数が増えた。それでも、仕事が休みの日を忘れたことはないから不思議である。原稿は休みの日に書くと決めているので、締め切りから逆算して休みの日数で割って進行するようにしている。原稿がない日は何もしない。せっかくの休みだというのに、何もすることがない。

絶望的ともいえる行動力のなさに自分で自分が嫌になる。積極的にではなく、消極的に本を読んで過ごすマイライフ。少しでも自分のなかに何かが残ることを信じて、今日も右から左へと文章を読み流す。

「自分で選んで読む本」と「仕事として読む本」については、少し説明が必要だろう。

「自分で選んで読む本」は、ほぼ完全に趣味の領域である。なぜかライフワークとして追いかけている「貧困」をテーマにした新書であるとか、競馬関連の本などがこれにあたる。好きな作家の小説も、ここに含まれるだろう。これらは付箋も貼らず、メモも取らずで、書き手の文章に身を任せ、その世界に没入して読む。

　これらの本のなかで特によかったものは、「店のファン」ではなく「本屋としての僕のファン」を獲得するために、大きく売ることを目的としないPOPをひっそりとつける。いわば店のスパイスとして、コアなお客さんを獲得するのが目的だ。

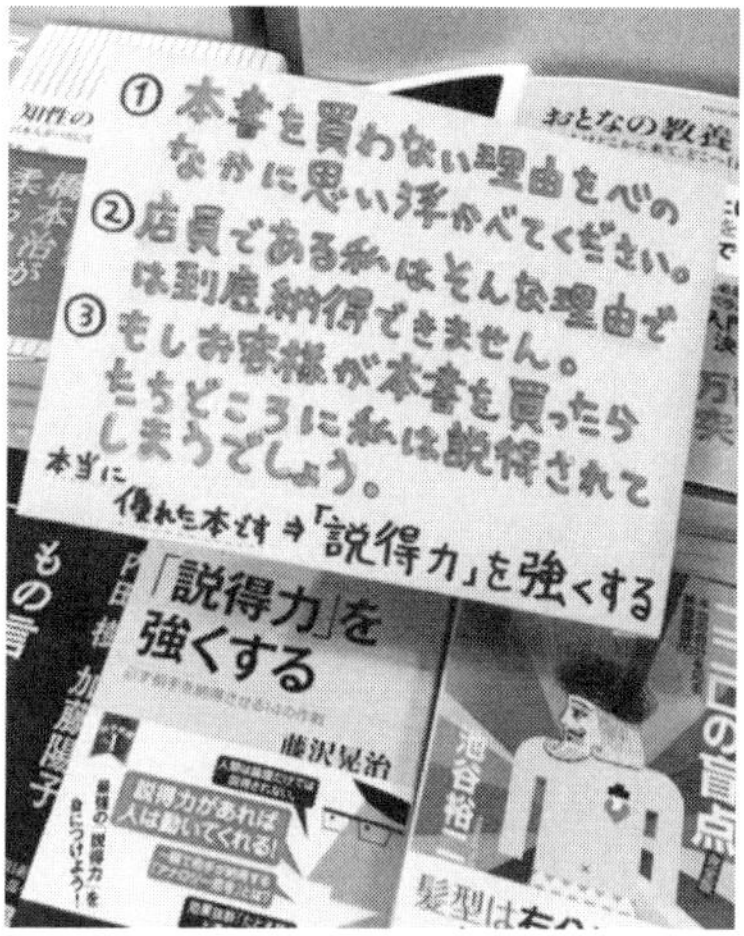

『「説得力」を強くする』の手書きポップ

　他方、仕事として読む本は出版社から送っていただいたゲラ、プルーフ、献本などに加えて、ラジオで紹介するための本などである。僕のなかの線引きで、これらは「読まなければいけない本」にカテゴライズされている。

　これらの本を読むときには、ある判断基準を設けたうえで「読むこと」を意識して読書に取り組む。それは、言うまでもなく「売れるかどうか」という眼をもって本に向き合うことだ。

具体的に言うと、一つは自店のお客さんに合うかどうか。先に触れた「店のファン」のほうである。これは売り上げのベースを作るうえで絶対的な判断基準だ。おそらく、書店員ならば誰もが意識していることだろう。しかし、それに加えてもう一つ、考えなければならない重要な基準がある。

もしも自店のお客さんに合わないと思っても、違う角度から光を当てた時に「売り」となる魅力的な要素があるかどうか。これらは、新たなお客さんの層と、未来における自店の魅力を演出する可能性がある。着眼点と切り口を考えながら、付箋をペタペタと貼りチェックしつつ読んでゆく。じつのところ、店の売り上げに長く貢献するような本は、後者のほうが多い。

『「説得力」を強くする』藤沢晃治（講談社ブルーバックス）を例にすると分かりやすいかもしれない。本書を読んだ時、良書ではあるがキャッチーなタイトルに反して、内容は少し難易度が高いと感じた。それで次のようなPOPを考え、新書売場で平積みしてみた。

① 本書を買わない理由を心のなかに思い浮かべてください。
② 店員である私はそんな理由では到底説得できません。

③もしお客様が本書を買たらたちどころに私は説得されてしまうでしょう。

①から②への論理の飛躍はご愛敬。これは実際に本書を読んで考えたＰＯＰである。その入れ子構造を「面白い」と思って、買ってもらうことを狙ったものだ。本書は自店独自のロングセラー商品として、二年以上もの間ずっと平台に居座り続けている。

ＰＯＰの役割

いま現在、自店に来てくれているお客さんに合う本は、説明もなく目立つ場所に展開すれば売れてゆくものだ。なぜなら言葉を介さない信頼関係があるからである。レジ前の一等地に置くべきは一般的なベストセラーではなく、常連客が高い確率で買っていってくれる本のほうがいい。自らすすんで親のお手伝いをする、手間のかからない気が利く孝行息子といえばわかりやすいだろうか。

一方、前述した『「説得力」を強くする』のような本は、手のかかる不出来の息子であるが一芸に秀でており、才能を伸ばしてやれば誰にも負けない魅力を発揮する。馬鹿な子ほど何とやらというやつである。

その隠れた魅力に対して、別の切り口や異なる角度の光の当て方を、まさに「説得力」を持って提示できるかどうかで売り上げは変わってくる。

じつは、それが僕ら書店員の本当の仕事といっても過言ではない。つまりは文章を直さず、読み方を直す第二の編集者としての役割である。お客さんが、自分では気づかなかったその本に対する魅力を教えられ、少なくない驚きとともに帰路につく。読後に、私たちが提示した読み方に納得してくれれば、そのお客さんは間違いなくリピーターになってくれる。

つまりは、一歩先の未来の売り上げを意識して店作りをしているかどうか。そこに注力している書店は案外少ない。通り一遍の、第一編集者が示した本の内容を、そのままお客さんに対して提示しても、全国共通の何も面白くない売り場ができるばかりである。お客さんが待っているのは、変化球だと仮定しておいたほうがいい。

僕が憧れたのは、魔球と言われた潮崎哲也のシンカーだ。伊藤智仁の高速スライダーだ。あまりの変化に、お客さんがついてこられないこともしばしばだが、それはそれでいい。決め球なのだから。誰にもマネできない個性だ。他者が持たざる武器を持つことと同義だ。

書店のPOPを読んでいて「なんだかなぁ」と思うのは、もろに文脈に即した説明文を書いたうえに、単に自分の感動を押しつけるだけの自己満足の内容紹介である。棒球すぎて手が出ない。本を読んだとき、どう解釈するかは人それぞれであるが、誰もが気づくわけではないテーマをほのめかすこと、その本の周辺にまつわる情報を一つでも二つでも多く提示してやることで、本の売れ方は劇的に変わってくる。今回はそのことをふまえつつ、一編の詩を引き合いに出して「読むこと」について論じてみたい。

谷川俊太郎にノーベル賞を

谷川俊太郎さんの「生きる」という有名な詩がある。小学校の国語の教科書などにも採用されているので、もはや国民的な詩であると言っていい。だが小学生時分には、この詩を「味わう」ところまで至らない子どもが、ほとんどではないだろうか。ご多分に漏れず僕も、五つのスタンザ（連）からなるこの詩の細部にばかり目がいってしまい、その素晴らしさを享受することができたのは三〇歳を過ぎたあたりだった。

生きているということ
いま生きているということ
それはのどがかわくということ
木もれ陽がまぶしいということ
ふっと或るメロディを思い出すということ
くしゃみすること
あなたと手をつなぐこと

何気ない日常の一コマの描写。生の一瞬を切り取りながら、いまこの詩を読んでいる「あなた」と、特別ではない生きるための営みを分かち合う導入部分。誰にでも当てはまる、ごくごく個人的な体験をやさしくなぞることで、あなたを「生きる」という詩の世界へ瞬間的にアジャストさせている。

読んだあなたは、一人で新緑の季節を歩く自分を思い浮かべるかもしれない。だが、このスタンザの最後の行で、それが思い違いであることに気づかされるだろう。自分一人で始まったと思っていた世界は広がりを見せ、あなたが大切に思うもう一人の存在が隣にいることを思い起こさせる結びとなっている。手のひらの感触。手をつなぐことに新たな意味を感じてしまうほどの、幸福な余韻を持って場面は転換する。

幸せから一転、第二スタンザでは名詞の羅列が目を惹く。一見すると、生きることとは直接的に結びつかないようにも思える名詞たち。しかし、つながりが分からないからこそ、読む者の脳裏に様々なイメージを喚起させる。つないでいたはずの手のひらの感触は遠のき、私たちは頭に小さな疑問符を浮かべながら、羅列された名詞と「生きる」ことの共通項を見出そうと、さらに「生きる」の世界へと入り込んでゆく。

生きているということ
いま生きているということ

それはミニスカート
それはプラネタリウム
それはヨハン・シュトラウス
それはピカソ
それはアルプス
すべての美しいものに出会うということ
そして
かくされた悪を注意深くこばむこと

小学生の頃。授業中にこの詩と出会い、まだ小さな世界にいた僕は、名詞の連なりから共通のイメージを広げることができなかった。もちろん「ヨハン・シュトラウス」なんて知る由もない。『キャプテン翼』のなかに、そんなキャラクターが出てこなかったかな……くらいの感想しか持てなかった。

知らない名詞たちは勝手に推測するしかなく、正しい解を導けるわけもない。自分が「分かる部分」や「知っている部分」にだけ着目しつつ独自の解釈を進める。この詩を音読するよう先生に指名された際に、おもいっきり空目して「それはカルピス」と口にした恥ずかしさを思い出しては、「生きる」という詩が原因でときどき死にたくなる。

では「生きる」という詩の、この小さな混乱を僕はどう処理したのだろう。小さな世界に存在する小学生男子が知っていて、かつ興味を持つ部分はおのずと決まってくる。そう、「ミニスカート」に食いつくまでの時間は、ものの数秒だった。生きることがミニスカートとは、これ如何に。読んだ瞬間に、小学生の僕の脳内に浮かんだ赤に白い水玉のミニスカート。穿いているのはミニーマウスだ。我ながら、なんてイッツ・ア・スモールワールドであろうかと、いま振り返って思う。けれどそれも「想像力」を養うという面で考えると、重要な通過儀礼であろう。

ミニスカートと「そして」での改行

時は流れて大学生の頃。また再び「生きる」の詩と、僕は出会った。ある日の午後、吉祥寺へと向かった僕は「BOOKS ルーエ」という書店で本を買おうと降り立ったはずなのに、足はふらふらとパチンコ屋へ。ものの三〇分ほどで有り金のほとんどを手放して、代わりに自分への失望を手にした僕。時間とお金の使い方が下手なのは、昔も今も変わらない。ルーエに向かい、欲しい本を物色するも文庫本すら買えない。購入するともらえるキン・シオタニのカバーをあきらめ、店を出る。駅へ向かおうと数歩ゆくと、左手の「外口書店」という古本屋の看板が目についた。青年期の潔癖さから、いままでなんとなく避けてきた古本屋である。だがその日は、自分への失望に背中を押され、入口へと足が向いた。

棚の端から順にタイトルを目で追うと、文芸に強い古本屋なのだと分かった。ほどなくして、谷川俊太郎の『うつむく青年』（サンリオ）という、いまの自分の分身のようなタイトルを発見し、レジへと持っていった。支払いの段になって、手持ちの少なさを失念していたことにヒヤリとしたが、帰りの電車賃に手をつけてギリギリ代金を支払った。当時住んでいた西荻窪までの一駅を歩くことを自分に課し、僕は「生きる」との邂逅を果たしたのだった。

読んで感じた印象の差異は、やはりミニスカートの部分によってもたらされた。僕の想像のなかのミニスカート。その変化。

逆光となり穿いている人の顔は見えないが、ひらひらふわふわのミニスカートから伸びるきれいな足。世の中のそこかしこにあふれる美しさに気づくことなく（ミニスカートが美しくないと言っているわけではない）、かくされた悪を見過ごしたまま二〇代を迎えた僕。いまでも谷川俊太郎の詩がもたらしたミニスカートに対するイメージの変化は脳内の一角を占めている。

だけどさすがに、あれから二〇年ほどの時を経たいま、このスタンザの最後から二行目で谷川俊太郎が「そして」の三文字だけで改行した意図を理解するぐらいには、人生経験を積んだ。

美しさの象徴として羅列された名詞の、その美しさに忍ばされる「悪」の可能性へと意識を向けさせるための、注意を喚起する効果的な対比。美しさと不可分の「悪」。
続いて第三スタンザである。

生きているということ
いま生きているということ
泣けるということ
笑えるということ
怒れるということ
自由ということ

それぞれが可能動詞となっていることにお気づきだろうか。
「泣くということ」「笑うということ」「怒るということ」というように、ただ状態を表す動詞の使い方ではなく、「〜ことができる」という可能動詞とすることで、読む者に「自由」を感じさせる演出となっているのだ。そして、第四スタンザに列挙される「自由にならないこと」へつなげる前振りともなっている。

生きているということ

いま生きているということ
いま遠くで犬が吠えるということ
いま地球が廻っているということ
いまどこかで産声があがるということ
いまどこかで兵士が傷つくということ
いまぶらんこがゆれているということ
いまいまが過ぎてゆくこと

僕らには、自由に想像を飛躍させることができる「いま」がある。しかし、ここに書かれているのは、あくまで自分の力が及ばない受動的なものだ。加えて、第二スタンザが「美しいもの」を挙げた視覚的なものであるとするなら、この第四スタンザは多分に聴覚的であることに気づくだろう。過ぎてゆく「いま」を、生きている時間の「音」を、私たちはこの詩を読むことによって気づかされる。

同時に、第一、第三スタンザが「自分の内側」の感情を取り上げており、第二、第四スタンザが「自分の外側」の出来事、事象をえがいたものであるという、スタンザ同士が対比されている点も見逃してはならない。

生きているということ
いま生きているということ
鳥ははばたくということ
海はとどろくということ
かたつむりははうということ
人は愛するということ
あなたの手のぬくみ
いのちということ

最後の第五スタンザである。

注目すべきは三行目から六行目までの主語につけられた係助詞「は」である。「鳥ははばたく」「海はとどろく」「かたつむりははう」「人は愛する」に用いられる「は」には、じつは役割がある。この「は」が、普遍性をもった「は」であることにお気づきだろうか。ためしに「は」を「が」に置き換えてみて欲しい。その印象は大きく変化する。単なる事実の羅列へと変化してしまうのだ。

対象を少し突き放すようでいながら、これからも永遠に続くことを願い信じるように、祈るような気持ちを込めて用いられた助詞の「は」。たった一文字のひらがなに込められた、日本語の意味の広がり。

　愛によって生命が繋がれ、ループされた新しい命を感じさせる。あなたが手をつないだ「あなた」とは、新しく増えた家族のようにも思える。

〈読むこと〉は〈生きること〉

　この詩とあらためて向き合って、こう思う。ボブ・ディランがノーベル文学賞に輝くなら谷川俊太郎もノーベル文学賞に、いやノーベル平和賞に輝いてもおかしくはないのではないかと。通常とは違う角度というのは、独自の考察を付与するということだ。考察自体に深く納得してもらえなくてもいい。それを考える契機を提示できるかどうかが大事だと僕は思う。

　だから僕はORIORI勤務時に谷川俊太郎の著作を集めて「谷川俊太郎にノーベル文学賞を！」というPOPを作り、末尾に「もしくは平和賞を！」という文言を付け足そうか散々迷った挙句、つけるのをやめた。ノーベル「何」賞なのかを判断すべきは、読んだお客さんだと思ったからである。


　これが、僕がいうところの「違う角度」の具体例である。ORIORIでは開店以来、谷川俊太郎コーナーは堅調な売れ行きをみせた。

「生きること＝読むこと」ではないけれど、読むことは生きることにつながっている。読むということを捉えなおすことによって、多くの新しい切り口が見つかるのではないだろうかと僕は常々考えている。ある人は、文章の美しさに気づいて肌が粟立つかもしれない。ある人は、凄惨な現実をより深く知って怒り狂うかもしれない。またある人は、言葉そのものへの興味を深めて、日本語の形式美に魅せられるかもしれない。

低迷が叫ばれる出版業界で、本を、ジャンルを、言葉を、売り方を、伝え方を、つながり方を、捉えなおして、再構築して、提示する。僕は業界の低迷に対してある面で楽観的だ。ごくごく個人的な営みである読書が、僕たちにもたらす多くの可能性を信じているから。だって、本を読んで想像する力を日々鍛えている僕ら業界の人間が、打開策を見つけられないわけがないと思うのだ。

【引用文献】『詩集 うつむく青年』谷川俊太郎著　サンリオ　一九八九年刊

5　本屋なのにどうして棚に向き合う時間が減ってしまうのか

盛岡から芥川賞作家、誕生

初夏だというのに枯れた葉が歩道に落ちている。何の木だろうか。人間の手より二回りほど大きな葉。岩手の県名の由来となった鬼の手形のような形。

ラジオ局で本紹介のコーナーに出演し、バスで店へ戻る車中は空いている。座席は高く、窓の外に向ける目線は下へと向かいがちだ。だからだろうか。普段は目に入らない落ち葉に目が留まったのは。渋滞していた車列が進み、景色が後方へと流れた後も、妙に心に残った。

最近は、「振り返ってらんねぇ」という言葉を心のなかで繰り返しながら、毎日を過ごしている。元来、過ぎ去ったことに捉われがちな自分が、洪水のように押し寄せる仕事に溺れかけて、「いま」をもがくことに必死だ。旧知の友によると、最近の僕は以前から多めであった言葉の棘が、より一層増えたという。その忠告すら聞き入れる余裕がないほど脳内のメモリをいっぱいにしながら、端っこにわずかに残ったスペースで、そういえばとぼんやり思い返す。さっき見た落ち葉も先が少し尖っていたかもしれない。この赤信号が変わって駅へと続く橋を渡れば、もうすぐ店に着いてしまう。もやもやを抱えたまま店に行くのが嫌で、いそいそとスマホを取り出して調べると、正解はすぐに画面に表示された。葉を落していたあの街路樹は、栃の木らしい。

店に戻ると、竹内さんが疲れた表情で品出しをしていた。「いま、戻りました」と声をかけると、昨日発表された第一五七回芥川賞の取材に忙殺されたという答えが返ってきた。前日の夜、受賞直後に地元メディアへの応対で帰宅が大幅に遅くなった僕も、言いたいことはわかりますとばかりに笑いながら、困った顔を作り頷く。

二言、三言、会話を交わしていると、お客さんからの問い合わせを知らせるベルが店内に鳴り響いた。慌てた様子で応対へと向かう竹内さんの後ろ姿を見送って、荷物を取りにロッカーへと向かう。この日は休みであったが、店が気になって出社していた。開店準備を手伝って、ラジオ出演を終えた僕は、夕方の取材アポイントまで近くのカフェかどこかで原稿を書こうと、持ってきたパソコンを自分のロッカーから取り出す。どこか申し訳ないような、後ろめたいような気持ちで店を後にした。

第一五七回芥川賞は、盛岡市在住の沼田真佑さんが「影裏」で受賞した。岩手県在住の作家が芥川賞を受賞したのは初めてのことで、地元メディアにとってのニュースバリューは相当なものだった。沼田さんが、同作で文學界新人賞を受賞した際のメディアの扱いはそれほどでもなかったが、やはり広く知られた賞は重みが違う。約三カ月前に発売され、つい昨日まで店頭に積んでいても見向きもされなかった『文學界5月号』が、一夜で「金のがちょう」へと姿を変え、それを伝える報道は過熱した。こういった世の中の価値の転換に触れるにつけ、常識という言葉にひそむ不確かさへと思いが向かう。一方で、本屋で働くことは面白いなと思っている自分がいる。当時、勤務地だったORIORIに取材が殺到したのはなぜか。それは、返品期限の過ぎた四月発売の「文學界5月号」がORIORIに平積みしてあったからだ。ほんとうは山積みのはずだったのだが、少しの自戒をこめてその理由を以下に記そう。

文芸誌を売る工夫

「文學界5月号」の発売日である二〇一七年四月七日、ORIORIはまだオープンしていなかった。その頃、僕はフェザン店の事務所で選書作業をしながら、文芸誌の売り方について考えを巡らせていた。四章でも触れた二〇一七年一月に東京を訪れた際、編集者の方々に神保町で開いてもらった「さわや書店を囲む会」（一四六ページ）で俎上にのせたことの一つに、文芸誌の売り方があった。

いま、作家の連載ものを載せる媒体としての文芸誌は危機なのである。文芸各誌は九分九厘が赤字であり、連載をまとめたものを単行本化してはじめて、利益を生むかもしれないという、不確実な可能性に依拠した状態なのである。

それでも各文芸版元が文芸誌を出版し続ける理由は、前述の沼田さんのような有望な新人の発掘や、デビュー済みの作家に対して発表の場を与え定期的な収入によって生活を支えるという側面、執筆を依頼することにより自社と付き合いのなかった作家との接点を持つなど、少なくないメリットがあるからだ。さらには、単行本化した時に話題となりベストセラーになればという期待があるからでもある。いわば先行投資のギャンブル的な側面によって存在を保っている。

だが、昔に比べ本が売れなくなり、先行投資の回収率は目に見えて下がってきている。文芸誌の未来をどう描くべきかという重い課題に触れて、新店舗のORIORIで何かできないだろうかと、ああでもない、こうでもないと頭を悩ませていたのだった。

考え抜いたすえに出した答えは、至ってシンプルなものである。いや、その言い方はちょっと正しくない。書店の現場において出来ることが他に思いつかなかったというのが、正直なところだ。焼け石に水かもしれないが文芸誌を一冊でも多く売ること。それが絞り出した僕の答えである。

そのためにORIORIの売り場に少し手を加えた。普段は雑誌コーナーに置かれることが多い文芸誌を、文芸書棚の新刊を置く棚の隣に持ってきたのだ。そしてORIORIテイストとして定着しつつある「手書きじゃないPOP」を使って、どの作家がどんな作品を文芸誌に連載をしているかを可視化した。つまりは、「連載↓単行本」の流れをお客さんに意識させようという試みである。あなたの好きな作家が、リアルタイムで書いている作品はこれですよ、と示すことで文芸誌の購買を促進しようと考えたのだった。さらには、単行本発売時の事前予告的な宣伝の意味合いも兼ねている。

結果は、劇的に表れているとは言いがたいが、今回の芥川賞発表時に「文學界5月号」の在庫を持っていたことは、この文芸誌を丁寧に売ろうという取り組みが一定の成果を得たとも言える。

四月中旬に「文學界5月号」が発売されてすぐ、文芸誌の売り方をどうしようかと考えていた僕は、文學界新人賞受賞作である「影裏」を読んだ。その時、これは芥川賞にノミネートされるだろうとピンときた。文章の上手さはもちろんのこと、作中での東日本大震災の捉え方、扱い方が、これまでに発表されたどの小説とも異なるスタンスを取っていたというのがその理由だ。

しかし、五月一九日にORIORIがオープンした直後は、忙殺されて発注を失念してしまっていたのだった。ノミネート作の発表があった六月二〇日、そこに「影裏」の文字を見つけて正直「マズい」と思った。自分の予想が当たった嬉しさよりも、大事なことを忘れていた自分を呪い、発売から二カ月を経た「文學界5月号」が手に入るかどうかという心配のほうが先に立った。これから手配したとしても、満足する数を集めるのは難しいだろう。そして

ORIORIの文芸誌と連動した文芸書の棚

結果はやはりというべきか、希望数の半分しか在庫を確保できなかった。直感を軽んじてはならないことは、永世七冠の偉大な棋士・羽生善治氏も再三その著書のなかで説いている。

ただでさえ棚に向き合う時間が大幅に減って、本屋にとって重要なアイディアであるとか、あの本とこの本は有機的につながる、というような「棚からもたらされる刺激」の回数そのものも少なくなり、僕は非常にストレスを感じていた。この「文學界5月号」の発注の遅れは、今後のことを考えると致命的なものになると思った。現場に立つからこそ得られる感覚が徐々に欠落していく。書店員としての旬とでもいうべきものが、現場に立てないことによって足早に過ぎていってしまう。そんな恐怖に捉われた。

〈本〉に関係のない〈本屋〉の仕事の多さ

どうして棚に向き合う時間が減ってしまうのか。どうして本に触る時間が年々減っていくのだろう。本が好きでこの業界に入ったはずなのに。自分が「これは」と思った本を売ること以外に、本屋の仕事における喜びなどないはずなのに。

ORIORIの開店からある程度の日数が経過しても、なかなか本に触れることができない日々に、焦燥感と苛立ちが募る。追い打ちをかけるような「文學界」未発注事件（？）に、頭を本の角で思い切りガツンと殴られたような衝撃があった。このような事態に陥っている原因を突き止め、整理して考えてみなければならない。

最大の理由は雑務が増えたこと。僕がORIORIの店長を務めていたときの業務を左記に挙げてみる。

・月に一度は店子の店長として館（大家）が主導する店長会議に出席する
・一五日と末日に本店に提出する事務仕事
・一〇日締めの給与を計算して翌日には本店へと提出
・毎週のイベントスケジュールの調整
・店長あてに届くメールのやり取り
・月に二回のシフト作り
・レジ業務指導
・ポイントカードの入会促進の指導
・館との諸々の打ち合わせ
・館から義務づけられた書類や資料の提出
・防災訓練
・トラブル処理
・クレーム対応
・取次との打ち合わせ

・売り上げデータ分析
・レイアウト変更
・メディア対応

ここに日々の発注、フェア発注、品出しなどの通常業務が加わる。すべてを真面目にこなしていたら、棚に触れられるわけがない。解決策として、業務のいくつかを店長経験者の竹内さんにお願いするという分業制を敷いた。さらに、事務仕事などのアルバイトにもできることは、これからもどんどん振ってゆこうと考えている。

発想のヒントはスマホの名刺管理アプリから導き出した。交換した相手の名刺を、スマホカメラで写すとデータ化して一括管理してくれるあれだ。人から聞いた話なので真偽は不明だが、ある管理アプリでは個人情報保護の観点から、入力前に名刺のデータをバラバラにするらしい。入力オペレーターは、バラバラにされた情報の一部にしか触れないという。この仕組みを応用しようと考えた。僕はただ、すべてを理解していればいい。自分でやらなければならないことを最低限にすることで、少しは時間を捻出できるだろう。

もう一つは多分に逆説的なのだが、売り上げが原因となっている。売り上げが上がれば有能な人員を増やし、各ジャンルに担当人員を割ける。人を配することで、そのぶん時間的な余裕ができる。その状況を作ることができれば、棚をよくすることができ、売り上げが上がることで贅沢に人を使うことができ、また棚に注力できるという好循環が生まれるのだが、全国的に書店の売り上げは下がり続けているのが現状ではそれは難しい。

売り上げを取ることができなくなると、逆パターンの悪循環が待っている。利益を確保するためには、人件費を減らすのが一番手っ取り早いのだ。一九九〇年代後半から、書店はこの「人件費を減らす」ということを繰り返してきた。結果、正規雇用が減り続けていまの状況がある。

さわや書店は、赤澤桂一郎社長と伊藤清彦・元本店店長が「書店は人である」という信念を貫いてきたから、この厳しい状況でも少なからず存在感を出せているのだと思う。だけど開店当時のORIORIに限っては、竹内さんと僕以外のスタッフは全員新人なのである。

本屋という「物語」を終わらせるわけにはいかない

棚を作ることは、案外クリエイティブな作業だ。棚に何を入れて、何を入れないかというのは取次のランキングどおりにやればよい、というものではない。それをやってしまうと、どっかの図書館みたいになってしまう。自店のお客さんの好みに合わせたり、これはという本を自分の知識のなかから引っ張ってきたり、その時々の世の中の動きに合わせたりして、棚を変えていかなければならない。そうしないと棚が腐ってしまう。自らの頭のなかの引き出しを、棚へと投影してゆく楽しさと売り上げとを天秤にかけながら、そこから本が売れてゆく喜び。本来は、この作業に多くの時間を割かなければならないはずだ。

しかし、いまや書店の棚はパート・アルバイトが担当することがほとんどだ。そのパート・アルバイトが本好きならまだしも、どうして本屋で働こうと思ったのだろうと首を傾げたくなるような人員も、正直なかにはいる。僕はORIORIの面接のとき、「本が好きか」「どのような本を読むか」「好きな書き手は誰か」という質問への答えにこだわった。最初の質問には、もちろんみなイエスと答える。当然だ。しかし、第二、第三の質問に対して返ってくる答えは、こちらが期待している水準に届くことはほとんどなかった。

実際に開店してから、パート・アルバイトの彼らが、本を購入することはまれである。彼らにも生活があるのだからしょうがない。低い時給、少ない給料で働いてもらって、そのうえ自腹で本を買って、棚作りに生かすなんて求めることはできない。そんな彼らが選びに選んで買ってゆく一冊を見ると、何とも言えず胸がいっぱいになる。

現在四〇歳の僕が、本を購入することにあまり躊躇しない最後の世代なのかもしれない。若い彼らを見ていて、最近そんなことを考える。そんな僕でも、公営住宅に住んだり、ぼろを着ていたりと、本を買う代わりに犠牲にしているものは多くあるのだが。ここまで書いて、ふと思う。はたして、本屋に未来はあるのだろうか。

それでも後進を育てるしかない。そう自らに言い聞かせる自分がいる。僕たちが、受け継いできたものを伝えなければならない、と。まだ本屋という「物語」を終わらせるわけにはいかない。

いかない、と。年のせいか、そんな使命感を持つようになった。

時給が安いから人が居つかないこの業界。世の中では少子化により、若い労働力を必要とする業界による若者の綱引きが始まろうとしている。これから我々が引く綱の反対側を引っ張ろうとしているのは、消防や警察や自衛隊といった国の根幹をなす職業の人たちであるという。若い力が必要不可欠なこれらの職業をむこうに、僕ら一介の小売りは相手にすらならないかもと委縮してしまいそうになる。そもそも綱引きにおける基本的なパワーが違うのだし、彼らは国民の生命、自由、財産を守る仕事だ。

でも。

心のなかで反駁の声が上がる。

でも書店だって、人が人として生きるため、よりよく生きる知識を獲得するため、パワーに頭脳で対抗するために、絶対に必要な職業のはずだ。誇りと信念を持って、綱引きの準備をするべきではないのかと。

それでも、世の中の流れを見ていると有能な若い世代が入ってくることは、もはやないかもしれないと弱気になる。本を買えない若い彼ら。それでも少子化の未来のことを考えると、書店を働く場として選んでくれるのはありがたい。利益率が低く、書店の現場は逼迫《ひっぱく》している。誰しもがより好待遇の労働環境に、身を置きたいと考えるのは当然だろう。だからいま、書店で働いてくれている彼ら、まだ入口でうろうろしている彼らに対して、僕らがしてあげられる最大限のことをしてあげたい。

仕事を教えたとしても、いつ辞めるか分からない人員に時間を割いて教えるのは非効率だと、そう考えてしまうのが普通だろうと思う。だが僕は、彼らに全力で付き合うことに決めている。一つ一つの作業に込められた意味を必ず伝え、一人一人がやる作業がもたらす意義を説く。もし彼らがこの業界を去ったとしても、のちに少しでも本を買うという方向へと意識が向くように、せめて本の魅力と価値とを存分に伝えようと考えている。いまは負け戦に思えても、潮目が変わる時はきっと来る。そう信じて戦うと決めた。

反撃の狼煙をあげるための、負け戦の「しんがり」は僕らの世代が務めよう。死中に活あり。これほどの見せ場はない。なんたって、潮目が変わって反転攻勢に出る時には先陣を切れるのだ。


栃の木はトチノミという実をつける。かつて土地がやせた山村などでは食用として重宝されたらしい。やせた土地でも実をつける栃の木のしぶとさを見習って、僕らは棚に向かう時間を削ってでもすべきことをする。飢饉を救ったトチノミのように。

ラジオ局からの帰り道に見たあの枯葉は、明日の僕であるかもしれない。肥沃とは言えない土地で、それでも体を張り、実を残すために散るとしたら、それもまた運命である。

手あかにまみれた一冊の本のように

人の心のなかを知りたいという欲求は自分にはないが、自分の心のなかは知られたくないという気持ちを、おそらくは他人に倍するほど持って生きてきた。

自分から他人に話しかけるということをあまりしない。自分が強面の外見で、話しかけられた相手が怖がってしまうだろうから、というのもある。それでも世の中には酔狂な人が何人もいて、怖いもの見たさからなのか、自分と交流を持とうと話しかけてくれる。

自分の心に壁をこさえたまま交流を重ねて、どこかのタイミングで心の壁は低くなり、胸の内をさらけ出すと、本性を知って去ってゆく人と、付き合いが続く人とに分かれる。相手の出方を見てからでないと、人付き合いを始められない臆病さは生来のものなのだろうか。だから、カウンターパンチを喰らわせるような僕の「本当」を知ってなお、付き合い続けてくれる人には感謝しかない。そういった人たちに活かされて、今の自分があるのだなと思う。

そんな出会いを経て、いまも続く人間関係のほとんどは本を介してもたらされてきた。

わたしは、わたしの住むまちを愛したい　手あかにまみれた一冊の本のように
入社した当初、さわや書店のブックカバーに印字されたこの文言を目にしても、正直ピンとこなかった。

社会の入口に立った僕は、まだ見ぬ知らない世界に対しての期待を過剰に抱いていたし、自分が何者かになれるのではないかと根拠なく思っていた。世界は自分を中心に回っているのだと、勘違いをしていたあの頃。昨日と違う「何か」を求めて過ごせどもこれといった変化は訪れず、かといって同じ毎日を繰り返す辛抱強さも持ち合わせていなかった。

今日こそ言おう。明日告げよう。毎日、辞めることばかりを考えていたのに、手にしたものを捨てることにためらいなどなかったはずなのに、いつの間にか僕の本屋としての日々は流れていた。

そんな気持ちで、行く道のずっと先まで見渡せるわけもなく、足元だけをみて、一歩、また一歩と進むうちに、手にしたものは増えていき、背負う荷物も大きくなった。

それらを捨てられなかったのは、責任感からなどでは決してなく、背負う荷物の一つ一つに思いがこびりついていたからだった。こすろうとも、剥がそうとしても、取れない。

自分で持っていこうと決めたものもあるが、大半は託され、背負わされたもののような気がしている。それらの荷物、一つ、一つを確かめながらこの本を書いた。

「手あか」にまみれたものの良さ。

温故を知らず、新しいものばかりに価値を見出していた自分が、どこへも行かずに、生まれた町で本を売る。それが、とても幸せなことだと気がついたのは、わりと最近のことだ。

いま、元気な地場の書店が残っている地域が、どれほどあるだろう。傍らにある一冊の本が、手あかにまみれるまでの間に、思いが移るまでの間に、近くの本屋がそっと消えてゆく。

本は変わらない。変わったのは人と本との距離だ。

その昔、「人」と「本」とは切り離せないものであったことだろう。証拠として、二文字を合わせると「体」という漢字になることからも、それは窺い知ることができる。人と本との距離が縮まれば、「体」になる。その理由とは何か。

人は、本から得た情報を脳へと取り込んで、学び、考え、身体へと伝達する。体験によって得た知識を本に記すことで、それを必要とする遠くの誰かへ、後世の読者へと届けることができる。そうやって進化の道筋をたどってきた。

人と本との接点があるところには、「体」を使った行動が生まれる。その行動が、人を、コミュニティを、住むまちを、地域社会を変えてきた。

しかし、少しずつ人と本との距離は遠くなってしまって、本との対話、思索の時間は減り続けているように思える。ひと昔前とは違い、「本屋に行くぞ」とある種の決意を持って出かけて行かなければ、本と出会えない現状は、物理的にも、心理的にも人と本との距離を遠ざけてしまった。出版業界でメシを食う僕ら全員に、その現状を招いた責任がある。

これからの「人」と「本」との未来を想像してみて欲しい。

ネット書店は本屋の代わりになり得るだろうか。まちを変える力、よりよく変えていこうとする意志を、「人」と「本」との距離を簡単に取り持つように見えて、一番近くにあるように思えてその実、もっとも遠い存在がネット書店ではないか。

SNSの広まりによって近くなったと感じるのは、幻想以外の何ものでもない。便利さと手軽さの裏側で、省かれた手間と切り捨てられた無駄。それらとともに、存在の耐えられない遠さとでも言おうか、何か大切な繋がりが断ち切られたような焦燥感がつきまとう。

ネット書店での一方通行で予定調和的な、本との出会いではなく、近くの本屋での多方向からの、予想もしなかった現実体験に基づく本との出会い――。

「店舗型書店？　懐かしい！」と言われないよう、変わりゆく「まち」とともに本屋も変わっていかなければならない。一冊の本が、手あかにまみれるまでの時間に耐え得るくらい本屋の存在の重さを、取り戻さなければならない。いつの間にかそれが、自分の役割ではないかと考えるようになった。

いま背にある荷物のなかでは数少ない、自分で背負った荷物の一つだ。

遠くなってしまった人と本との距離を、なんとか再び近づけようと日々奮闘するなかで、筑摩書房の窪拓哉さんに、その思いの丈を綴ってみないかとお声がけいただいた。

本書は、「Ｗｅｂちくま」の連載、「冷やかな頭と熱した舌」に加筆、訂正を施したものである。連載時のタイトルは、夏目漱石の「私は冷やかな頭で新しい事を口にするよりも、熱した舌で平凡な説を述べる方が生きていると信じています。血の力で体が動くからです」という言葉から拝借した。本屋に脈々と受け継がれてきた血によって、「体」はまだまだ動かせる。そう決意を込めたつもりだった。

漱石の言葉を盾に取り、平凡な主張に終始する僕に、根気よくアドバイスを送り続けてくれた窪さん。一年間のあいだ月二回の締め切りに追われるという辛い日々を、何とか乗り越えることができたのは窪さんと、窪さんと結婚する以前から知己であった元本屋の窪さんの奥さんのお力添えによるところが大きい。この場を借りて感謝を申し上げたい。トイレットペーパーの補充に困るようなことがあったら、ぜひ呼んで欲しいと思う。

また、末文になりましたが、盛岡市ご出身で同じ中学校の卒業生というご縁もあり、装丁を快諾して下さった名久井直子さん。限られた時間のなかイラストを描いてくださった藤田翔さんに、重ねて御礼を申し上げたいと思います。どうもありがとうございました。

二〇一八年二月　松本大介

本書は二〇一六年七月から二〇一七年七月まで「ｗｅｂちくま」にて連載された
「冷やかな頭と熱した舌」を再構成し、加筆・修正をしたものです。

松本大介（まつもと・だいすけ）

一九七七年生まれ。岩手県盛岡市出身。明治大学卒業後、二〇〇一年さわや書店入社。以降、一七年にわたって書店の現場から出版業界を見てきた。さわや書店本店、上盛岡店の勤務を経て、二〇一七年〈ORIORI produced by さわや書店〉の立ち上げに携わる。現在、さわや書店フェザン店店長。

『思考の整理学』外山滋比古（筑摩書房）、『震える牛』相場英雄（小学館）、『限界集落株式会社』黒野伸一（小学館）など、多数の書籍がベストセラーとなるきっかけを書店店頭で作り出す。雑誌への寄稿や書評の執筆など、ライター業でも活躍している。

本屋《ほんや》という「物語《ものがたり》」を終《お》わらせるわけにはいかない

二〇一八年三月二五日　初版第一刷発行

著者　松本大介《まつもとだいすけ》
発行者　山野浩一
発行所　株式会社筑摩書房
東京都台東区蔵前二―五―三
郵便番号一一一―八七五五
振替　〇〇一六〇―八―四一二三

印刷・製本　三松堂印刷株式会社

乱丁・落丁本の場合は左記宛にご送付ください。
送料小社負担でお取り替えいたします。
ご注文、お問い合わせも左記へお願いいたします。

筑摩書房サービスセンター
さいたま市北区櫛引町二―六〇四
郵便番号　三三一―八五〇七
電話　〇四八―六五一―〇〇五三

ISBN978-4-480-86457-4 C0095

◉筑摩書房の本◉

〈ちくま文庫〉
誘拐

本田靖春

戦後最大の誘拐事件。残された被害者家族の絶望、犯人を生んだ貧困、刑事達の執念を描くノンフィクションの金字塔！解説 佐野眞一

〈ちくま文庫〉
疵
花形敬とその時代

本田靖春

戦後の渋谷を制覇したインテリヤクザ安藤組の大幹部、力道山よりも喧嘩が強いといわれた男……。伝説に彩られた男の実像を追う。
解説 野村進